企业可持续发展绩效评价研究

伍 烨　田 川　缪琪琛◎著

时代文艺出版社
SHIDAI WENYI CHUBANSHE

图书在版编目（CIP）数据

企业可持续发展绩效评价研究 / 伍烨, 田川, 缪琪琛著. -- 长春：时代文艺出版社, 2024.11. -- ISBN 978-7-5387-7653-9

Ⅰ. F272.5

中国国家版本馆CIP数据核字第2024C0S094号

企业可持续发展绩效评价研究
QIYE KECHIXU FAZHAN JIXIAO PINGJIA YANJIU

伍 烨 田 川 缪琪琛 著

出 品 人	吴 刚
责任编辑	卢宏博
装帧设计	文 树
排版制作	隋淑凤

出版发行：时代文艺出版社
地　　址：长春市福祉大路5788号　龙腾国际大厦A座15层（130118）
电　　话：0431-81629751（总编办）　0431-81629758（发行部）
官方微博：weibo.com/tlapress
开　　本：710mm×1000mm　1/16
印　　张：16.25
字　　数：237千字
印　　刷：廊坊市广阳区九洲印刷厂
版　　次：2024年11月第1版
印　　次：2024年11月第1次印刷
书　　号：ISBN 978-7-5387-7653-9
定　　价：86.00元

图书如有印装错误　请与印厂联系调换　（电话：0316-2910469）

前　言

在全球经济一体化的背景下，企业作为社会经济发展的重要主体，其可持续发展不仅关系到自身命运，也深刻影响着整个社会、经济以及生态环境。随着资源与环境压力的日益增强，社会各界对企业实现经济效益、履行社会责任和保护环境的关注度日益增强，企业在这一过程中，既是现代社会发展的推动者，也是应对全球可持续发展挑战的重要参与者，企业在追求经济效益的同时，必须兼顾环境保护和社会责任。因此，构建一套科学、全面、系统的企业可持续发展绩效评价体系，成为推动企业可持续发展、实现经济社会与生态环境和谐共生的关键所在。

自20世纪80年代以来，随着工业化进程的加速和全球经济的快速增长，资源消耗和环境污染问题日益严峻。传统的以牺牲环境为代价的发展模式已难以为继，可持续发展理念逐渐深入人心。1987年，联合国世界环境与发展委员会在《我们共同的未来》报告中正式提出可持续发展的概念，可持续发展是在不损害后代人满足其自身需要的能力之前提下满足当代人需要的发展。这一理念迅速成为全球共识，各国政府、国际组织和企业纷纷开始探索和实践可持续发展的路径。在企业层面，传统的绩效评价体系主要关注财务指标，如利润、收入、成本等，而忽视了企业在环境保护、社会责任等方面的贡献和影响。这种片面的评价体系不仅无法全面反映企业的真实绩效，也不利于企业可持续发展战略的实施。因此，建立基于可持续发展的企业绩效评价体系，成为学术界和实务界共同关注的热点问题。

本书系统阐述了可持续发展理论在企业绩效评价中的应用与实践，从理论概述到框架构建，再到具体财务、社会、环境绩效评价指标体系的构建，全面覆盖了企业可持续发展绩效评价的各个方面。通过深入分析可持续发展与企业绩效评价的内在联系，提出了新要求与构建原则，为构建科学合理的评价体系提供了理论依据。同时，详细介绍了各维度绩效评价指标的设计方法及综合评价技术，并探讨了评价指标权重的确定方法，确保评价的公正性与准确性。最后，强调了绩效评价体系的持续优化机制，包括动态调整、信息化智能化等，旨在推动企业实现长期、稳定、可持续的发展。

企业可持续发展绩效评价研究作为当前理论与实践领域的热点之一，其重要性不言而喻。随着全球经济的不断发展和社会对可持续发展要求的日益提高，企业面临着前所未有的挑战与机遇。构建一套全面、科学、系统的企业可持续发展绩效评价体系，不仅是企业自身转型升级、实现长期稳健发展的内在需求，也是推动社会经济全面、协调、可持续发展的必然要求。

由于笔者水平有限，本书难免存在不妥甚至谬误之处，敬请广大学界同仁与读者朋友批评指正。

目 录

第一章 可持续发展理论与企业绩效评价基础

第一节 可持续发展理论概述 ………………………………… 001

第二节 企业绩效评价的基本概念 …………………………… 008

第三节 可持续发展与企业绩效评价的关系 ………………… 016

第四节 可持续发展视角下企业绩效评价的新要求 ………… 023

第二章 企业可持续发展绩效评价框架构建

第一节 绩效评价框架构建原则 ……………………………… 031

第二节 绩效评价框架构成要素分析 ………………………… 039

第三节 经济维度绩效评价指标设计 ………………………… 046

第四节 社会维度绩效评价指标设计 ………………………… 053

第五节 环境维度绩效评价指标设计 ………………………… 060

第三章 财务绩效评价指标体系构建

第一节 盈利能力评价指标 …………………………………… 067

第二节 营运能力评价指标 …………………………………… 074

第三节 偿债能力评价指标 ………………………………… 081
第四节 发展能力评价指标 ………………………………… 088
第五节 财务指标综合评价方法 …………………………… 095

第四章 社会绩效评价指标体系构建

第一节 员工关系与福利指标 ……………………………… 103
第二节 社区贡献与影响力指标 …………………………… 109
第三节 消费者权益保护指标 ……………………………… 115
第四节 供应链社会责任指标 ……………………………… 122
第五节 社会绩效综合评价方法 …………………………… 128

第五章 环境绩效评价指标体系构建

第一节 环境保护政策与制度指标 ………………………… 134
第二节 节能减排与资源利用效率指标 …………………… 138
第三节 污染物排放与治理指标 …………………………… 146
第四节 环保技术研发与应用指标 ………………………… 153
第五节 环境绩效综合评价方法 …………………………… 160

第六章 评价指标的权重确定方法

第一节 权重确定的重要性与原则 ………………………… 167
第二节 主观赋权法及其应用 ……………………………… 175
第三节 客观赋权法及其比较 ……………………………… 182
第四节 组合赋权法探讨 …………………………………… 190
第五节 权重确定方法的选择 ……………………………… 198

第七章　企业可持续发展绩效评价体系的持续优化

第一节　绩效评价体系的动态调整机制 …………………… 205

第二节　评价指标的更新与优化 …………………………… 213

第三节　绩效评价方法的创新与发展 ……………………… 227

第四节　绩效评价体系的信息化与智能化 ………………… 235

第五节　持续优化对企业可持续发展的意义 ……………… 242

参考文献 …………………………………………………… 250

第一章　可持续发展理论与企业绩效评价基础

第一节　可持续发展理论概述

一、可持续发展的定义

（一）可持续发展的核心理念

可持续发展的核心理念在于平衡与和谐，它不仅仅是一个经济概念，更是涵盖了社会、环境与文化等多个维度的综合发展理念。这一理念强调，在追求当前社会经济发展的同时，必须充分考虑自然资源的有限性和生态环境的脆弱性，确保发展活动不会对未来世代的生存与发展能力构成威胁。简而言之，可持续发展追求的是"既满足当代人的需求，又不对后代人满足其需求的能力构成危害"的发展模式。

（二）经济层面的可持续发展

在经济层面，可持续发展要求转变传统的"高投入、高消耗、高排放"的粗放型经济增长方式，向"低投入、低消耗、低排放、高效益"的集约型增长模式转变。这意味着需要优化产业结构，大力发展绿色经济、循环经济和低碳经济，推动技术创新和产业升级，提高资源利用效率，减少环境污染和生态破坏。同时，注重经济增长的质量和效益，确保经济发展成果能够惠及全体人民，促进社会公平正义。

（三）环境层面的可持续发展

环境是可持续发展的基础，保护生态环境是实现可持续发展的必要条件。环境层面的可持续发展强调在开发利用自然资源时，必须遵循自然规律，合理控制开发强度，保护生物多样性，维护生态系统的稳定性和服务功能。这包括加强环境监管和治理，实施严格的环保法律法规，推广清洁生产和绿色消费，减少污染物排放，促进生态环境的良性循环。此外，还应加强环境教育和提升环保意识，培养公众的环境责任感和参与意识，形成全社会共同保护环境的良好氛围。

（四）社会层面的可持续发展

社会层面的可持续发展关注的是人的全面发展和社会公平正义。它要求在发展经济的同时，注重提高人民的生活水平和质量，保障基本人权和社会福利，促进社会和谐稳定。这包括加强教育、医疗、就业等社会事业建设，提高公共服务水平，缩小城乡、区域、群体之间的差距。同时，还应关注弱势群体的生存和发展问题，通过政策扶持和社会救助等手段，帮助他们摆脱贫困和困境，共享发展成果。此外，还应加强社会治理和法治建设，维护社会稳定和公共安全，为可持续发展提供有力保障。

可持续发展是一个复杂而系统的工程，需要政府、企业、社会组织和公众等各方共同努力和协作。通过推动经济、环境、社会三个层面的协调发展，实现人与自然和谐共生、经济与社会共同进步的目标。只有这样，我们才能为后代留下一个更加美好、宜居的地球家园。

二、可持续发展的理念

（一）经济可持续发展的基石

经济可持续发展是可持续发展的核心动力源泉，它不仅仅关注短期的经济增长速度，更强调经济增长的质量与可持续性。这要求我们在发展经济的过程中，采用高效、低碳、循环的生产方式，减少对自然资源的依赖和对环境的破坏。通过技术创新和产业升级，提升经济体系的整体效率与竞争力，确保经济增长能够长期、稳定地惠及全体社会成员。同时，应加强国际合作，共同应对全球经济挑战，如贸易保护主义、金融风险等，维护开放、包容、共赢的国际经济秩序，为经济可持续发展创造有利的国际环境。

（二）社会包容性发展的追求

社会包容性发展是可持续发展的重要目标之一，它强调发展的成果应公平、公正地惠及社会各阶层，特别是弱势群体和边缘化群体。这要求我们在政策制定和实施过程中，注重缩小贫富差距，促进教育、医疗、社会保障等基本公共服务的均等化，保障人民的基本权利。同时，鼓励社会参与和多元共治，增强社会的凝聚力和向心力，构建和谐社会关系，为可持续发展奠定坚实的社会基础。

（三）环境友好型发展的实践

环境友好型发展是可持续发展的关键所在，它强调人类活动应尊重自然规律，与自然环境和谐共生。这要求我们在经济社会发展中，坚持绿色发展理念，推行绿色生产、绿色消费和绿色生活方式，减少污染物排放，保护生物多样性，维护生态平衡。通过加强环境监管和执法力度，严厉打击破坏环境等违法行为，确保环境质量持续改善。同时，积极参与全球环境治理，共同应对气候变化等全球性环境挑战，为子孙后代留下一个宜居的地球家园。

（四）文化多样性与创新的融合

文化多样性与创新是可持续发展的精神动力和智力支持。文化多样性是人类文明进步的重要标志，它丰富了我们的精神世界，促进了不同文化之间的交流与互鉴。在可持续发展的道路上，我们应当尊重和保护各种文化的独特性和多样性，促进文化的繁荣发展。同时，鼓励文化创新，将传统文化与现代科技相结合，激发文化创造力和活力，为经济社会发展提供新的思路和动力。通过文化的传承与创新，增强社会的凝聚力和向心力，推动人类文明的持续进步和发展。

可持续发展的核心理念在于经济、社会、环境三大支柱的协调发展与相互支撑。只有在这三大支柱的共同作用下，我们才能实现长期、全面的可持续发展目标。未来，我们需要继续深化对可持续发展理念的认识和理解，加强国际合作与交流，共同应对全球性挑战和问题，推动全球可持续发展事业不断向前发展。

三、可持续发展的历史背景

（一）萌芽与初识

可持续发展的理念并非一蹴而就，其萌芽可追溯至 20 世纪初，随着西方工业革命的深入，人类社会经历了前所未有的经济繁荣。然而，这一进程也伴随着环境污染、资源过度消耗等问题的日益凸显。20 世纪 60 年代末至 70 年代初，全球范围内开始广泛关注环境问题，联合国于 1972 年召开了人类环境会议，标志着环境保护正式成为全球性议题。此次会议不仅提出了"人类环境"的概念，还通过了《人类环境宣言》，为可持续发展理念的诞生奠定了思想基础。

（二）概念的形成与明确

进入 20 世纪 80 年代，可持续发展的概念逐渐清晰并受到国际社会的广泛关注。1980 年，《世界自然资源保护大纲》发表，首次提出了可持续发展的初步构想。随后，1987 年联合国世界环境与发展委员会在《我们共同的未来》报告中正式使用了"可持续发展"一词，并对其进行了系统阐述，定义为"能满足当代人的需要，又不对后代人满足其需要的能力构成危害的发展"。这一定义迅速成为国际社会广泛接受的标准，标志着可持续发展理念的正式形成。

(三) 国际社会的接受与推广

自《我们共同的未来》报告发布以来，可持续发展理念迅速在国际社会中广泛传播。1992年，联合国在里约热内卢召开了环境与发展大会，通过了《里约环境与发展宣言》《21世纪议程》等重要文件，将可持续发展确定为全球发展的核心战略。此后，各国政府纷纷将可持续发展纳入国家发展战略，制定了一系列政策和措施，推动经济、社会、环境的协调发展。同时，国际社会也建立了一系列合作机制，以加强全球合作，共同应对可持续发展面临的挑战。

(四) 深化与拓展

随着全球环境问题的日益严峻和可持续发展实践的深入，可持续发展的内涵不断得到丰富和拓展。一方面，可持续发展不再仅仅局限于环境保护和资源利用领域，而是逐渐渗透到经济、社会、文化、科技等各个领域，形成了涵盖广泛、内容丰富的可持续发展体系。另一方面，可持续发展的理念和方法也在不断创新和完善，如循环经济、绿色经济、低碳经济等新型经济模式的出现，为可持续发展提供了新的路径和选择。

可持续发展概念的提出经历了一个从萌芽到形成、从接受到推广、从深化到拓展的漫长过程。在这一过程中，人类社会经历了从忽视环境到重视环境、从单纯追求经济增长到追求经济、社会、环境协调发展的转变。如今，可持续发展已成为全球共识和行动指南，引领着人类社会向着更加美好的未来迈进。

四、可持续发展的国际框架

(一) 联合国可持续发展议程

联合国在推动全球可持续发展方面发挥了关键作用，其中最为显著的是 2015 年通过的《2030 年可持续发展议程》。这一议程包含了 17 个可持续发展目标（SDGs），旨在从 2015 年至 2030 年间，以综合方式解决社会、经济和环境三个维度的发展问题，推动全球向可持续发展道路迈进。SDGs 不仅继承了千年发展目标（MDGs）的精髓，还在其基础上进行了扩展和深化，更加注重全面性、包容性和可持续性。

（二）SDGs 的四大领域

SDGs 分为四大领域，即人类层面、经济层面、环境层面以及和平与伙伴关系。在人类层面，SDGs 致力于消除贫困、改善教育和卫生条件、促进性别平等和增加就业等；在经济层面，它强调促进经济增长、创造就业和提高产业创新等；在环境层面，SDGs 关注应对气候变化、保护海洋和陆地生态系统以及促进可持续能源发展等；在和平与伙伴关系方面，它强调加强全球治理、实现公平正义和促进可持续发展伙伴关系等。

（三）国际组织的合作与努力

为实现 SDGs，联合国及其成员国、国际组织、非政府组织、私营部门及社会各界展开了广泛的合作与努力。联合国开发计划署、环境规划署、粮农组织等多个机构在各自领域内积极推动相关项目和计划，以支持各国实现 SDGs。同时，国际金融机构如世界银行、亚洲基础设施投资银行等也为可持续发展项目提供资金支持和技术援助。

（四）全球行动与监测机制

为确保 SDGs 的实现，国际社会建立了完善的监测和评估机制。联合国统计委员会定期审查全球指标框架实施情况，并推动相关数据和信息的收集、整理与发布。此外，各国政府也需定期向联合国报告本国在实现 SDGs 方面的进展和成果。这些努力有助于及时发现问题、总结经验并调整策略，从而推动全球可持续发展事业不断向前发展。

联合国等国际组织在推动可持续发展方面所制定的框架、协议和目标构成了全球可持续发展的国际框架。这一框架不仅为各国提供了明确的发展目标和方向，还促进了国际社会的广泛合作与共同努力。随着全球行动与监测机制的建立与实施，全球可持续发展事业将不断取得新的进展和成就。

五、可持续发展的实践挑战

（一）资源短缺的严峻现实

资源短缺是实现可持续发展所面临的首要挑战。随着全球人口的不断增长和经济的快速发展，对资源的需求日益增加，而自然资源的供给却相对有限。尤其是水资源、能源和矿产资源等关键资源的短缺问题日益突出。水资源的分布不均和过度开采导致许多地区面临严重的水危机；能源需求的增长与化石能源的有限性之间的矛盾日益尖锐，推动能源结构转型成为紧迫任务；矿产资源的开采速度超过再生速度，加剧了资源枯竭的风险。资源短缺不仅限制了经济社会的发展，也对生态环境造成了巨大压力，迫使我们在可持续发展的道路上寻找更加高效、节约和循环的资源利用方式。

（二）环境污染的持续恶化

环境污染是实现可持续发展的另一大挑战。工业化、城市化和农业现代化的进程中，大量的污染物被排放到环境中，导致空气、水体和土壤污染日益严重。空气污染不仅影响人们的健康，还加剧了全球气候变化；水体污染直接威胁到人类的水安全，影响生态平衡；土壤污染则通过食物链对人类健康造成长期影响。环境污染的治理需要巨大的投入和长期的努力，而且治理效果往往受到多种因素的制约。因此，加强环境保护和治理力度，推动绿色低碳发展，减少污染物排放，成为实现可持续发展的必然要求。

（三）社会不平等的深刻影响

社会不平等是实现可持续发展的深层次挑战。贫富差距的扩大、教育机会的不均等、医疗资源分配的不公等问题，严重阻碍了可持续发展的进程。社会不平等不仅导致社会矛盾和冲突的增加，也削弱了社会发展的动力和稳定性。在可持续发展的框架下，我们必须关注弱势群体的权益和福祉，推动社会公平正义的实现。通过加强社会保障体系建设、促进教育公平、提高医疗服务水平等措施，缩小社会差距，为全体社会成员创造平等的发展机会和条件。

（四）全球治理的复杂性

全球治理的复杂性是实现可持续发展的外部挑战。全球化进程中，各国之间的相互依存和相互影响日益加深，但国际社会的合作与协调却面临诸多困难。气候变化、跨国犯罪、传染病等全球性问题的治理需要各国共同努力和协作，但不同国家之间的利益诉求和政策立场往往存在分歧和冲突。此外，多边治理机制的不完善和碎片化也加剧了全球治理的复杂性。因此，加强国际合作与交流，推动全球治理体系的改革和完善，为可持续发展创造有利的国际环境，成为我们面临的紧迫任务。

实现可持续发展面临诸多挑战，包括资源短缺、环境污染、社会不平等和全球治理的复杂性等。这些挑战要求我们采取更加全面、深入和有效的措施，加强政策协调与合作，推动经济、社会、环境的协调发展。只有这样，我们才能克服当前的困难与障碍，迈向更加繁荣、公正和可持续的未来。

第二节　企业绩效评价的基本概念

一、企业绩效评价的定义

（一）企业绩效评价的核心要义

企业绩效评价作为现代企业管理体系中的关键一环，其核心要义在于通过科学的方法与指标体系，对企业在一定时期内的经营成果和运营效率进行全面、系统、客观的量化评估。这一过程不仅是对企业过去经营活动的总结与反思,更是对未来战略规划与决策的重要依据。它要求评价者能够准确捕捉企业运营中的关键要素,如盈利能力、资产质量、债务风险、经营增长及市场占有率等,以全面反映企业的综合竞争力与市场地位。

（二）绩效评价的多维度考量

企业绩效评价并非单一维度的衡量,而是涵盖了财务、非财务、内部流程、学习与成长等多个方面。财务维度作为最直观、最易量化的部分,通常包括利润率、投资回报率、现金流状况等关键指标,直接反映了企业的盈利能力和财务健康状况。然而,仅凭财务指标评价企业绩效是片面的,非财务指标如客户满意度、员工满意度、品牌价值等同样重要,它们关乎企业的长远发展和社会责任感。此外,内部流程的优化与创新能力、员工的持续学习与成长能力也是评价企业绩效不可忽视的方面,它们共同构成了企业可持续发展的基石。

（三）绩效评价的战略导向性

企业绩效评价具有鲜明的战略导向性。有效的绩效评价体系应当与企业的战略目标紧密相连,通过设定与战略目标相匹配的绩效指标,引导企业资源向关键领域倾斜,确保企业行为与战略目标的一致性。这种战略导向性不仅有助于提升企业的整体绩效水平,还能促进企业在激烈的市场竞争中保持领先地位。同时,绩效评价结果还能为企业的战略调整和优化提供有力支持,帮助企业及时发现并解决运营中的问题,确保战略目标的顺利实现。

（四）绩效评价的持续改进与创新

企业绩效评价是一个动态、持续的过程,需要随着企业内外部环境的变化而不断调整和完善。在全球化、信息化快速发展的今天,企业面临着前所未有的机遇与挑战,绩效评价体系也必须与时俱进,不断创新。这包括引入更先进的评价方法和工具、构建更加科学合理的指标体系、加强绩效评价结果的反馈与应用等方面。通过持续改进和创新,企业绩效评价将更加精准地反映企业的真实状况,为企业的发展提供更加有力的支撑。同时,这也将推动企业管理水平的不断提升,增强企业的核心竞争力和市场适应能力。

二、企业绩效评价的目的

(一)指导企业科学决策

企业绩效评价的首要目的在于为企业决策提供科学依据。在复杂多变的市场环境中,企业面临着诸多选择和挑战,如何做出明智的决策直接关系到企业的生存和发展。通过构建全面、客观、公正的企业绩效评价体系,企业能够清晰地了解自身在财务、运营、市场、客户等多个维度的表现情况,进而识别出优势与劣势,把握机遇与风险。这一过程中,绩效评价数据如同企业的"晴雨表"和"指南针",为管理层提供了丰富的信息支持和决策参考,有助于企业制订出更加符合实际、具有前瞻性的发展战略和经营计划。

(二)优化资源配置效率

企业绩效评价还有助于优化资源配置效率。资源是企业运营和发展的基础,包括人力、物力、财力等多个方面。在资源有限的情况下,如何合理配置资源,使其发挥最大效益,是企业必须面对的重要问题。通过绩效评价,企业可以明确各项资源的投入产出比,识别出高效益、高回报的业务领域和环节,进而将更多资源投入到这些领域和环节中去,实现资源的优化配置。同时,对于低效益、低回报的业务领域和环节,企业可以采取相应措施进行整改或淘汰,避免资源的浪费和闲置。

(三)提升企业竞争力

企业绩效评价的最终目的是提升企业竞争力。在激烈的市场竞争中,企业要想立于不败之地，就必须不断提升自身的竞争实力。绩效评价作为企业管理的重要手段之一，通过不断监控和评估企业的运营状况和市场表现，能够及时发现并解决存在的问题和不足，推动企业持续改进和创新。同时，绩效评价还能够激发员工的积极性和创造力，促进团队协作和沟通，形成积极向上的企业文化氛围。这些都有助于企业提升产品质量、降低成本、增强市场响应速度和服务水平，从而在市场竞争中占据有利地位。

（四）促进可持续发展

企业绩效评价还有助于促进企业的可持续发展。随着社会对环境保护、社会责任等方面的关注度不断提高，企业不仅要追求经济效益，还要注重社会效益和环境效益的协调发展。绩效评价体系可以纳入环境保护、社会责任等非财务指标，引导企业关注长远利益和社会责任，实现经济效益与社会效益的双赢。通过不断优化绩效评价体系和推动企业持续改进，企业可以逐步建立起绿色、低碳、循环的发展模式，为可持续发展贡献自己的力量。

三、企业绩效评价的构成要素

（一）全面而精准的评价指标

企业绩效评价体系的基石在于其评价指标的设定，这些指标需全面覆盖企业的各个关键领域，以确保评价的客观性和准确性。一般而言，评价指标可划分为财务维度与非财务维度两大类。财务维度聚焦于企业的盈利能力、偿债能力、运营效率和增长潜力等方面，如净资产收益率、资产负债率、存货周转率及营业收入增长率等，直接反映企业的经济健康状况。非财务维度则涵盖市场份额、客户满意度、员工满意度、创新能力及企业社会责任等，这些指标虽不直接体现经济成果，但对企业长期发展具有深远影响，是衡量企业可持续发展能力的重要指标。

（二）科学合理的评价标准

评价标准是企业绩效评价体系中不可或缺的一环，它为企业绩效评价提供了参照系。科学合理的评价标准应基于行业特点、企业发展战略及市场环境等因素综合制定。在设定标准时，既要考虑历史数据的纵向比较，以评估企业的进步与变化；也要进行同行业或同类型企业的横向对比，明确企业在市场中的位置与竞争力。此外，评价标准的设定还需具备动态调整性，以适应外部环境变化和企业内部战略的调整，确保评价的时效性和准确性。

（三）多元化且适用的评价方法

企业绩效评价的方法多种多样，包括定量分析与定性分析相结合、绝对指标与相对指标相结合、静态分析与动态分析相结合等。定量分析方法如比率分析、趋势分析、因子分析等，能够直观地展示企业的数据表现，但可能忽略非量化因素。而定性分析方法如SWOT分析、PESTEL分析等，则有助于深入剖析企业的内外部环境，但主观性较强。因此，在实际应用中，应根据评价目的和对象的特点，选择一种方法或综合使用多种评价方法，以全面、客观地反映企业的真实状况。同时，随着信息技术的不断发展，大数据、人工智能等先进技术的应用也为企业绩效评价提供了新的思路和方法，进一步提高了评价的效率和准确性。

（四）持续优化的评价反馈机制

企业绩效评价并非一次性的活动，而是一个持续循环的过程。为了确保评价的有效性和针对性，必须建立健全的评价反馈机制。该机制应包括评价结果的及时反馈、问题的深入剖析以及改进措施的制定与实施等环节。通过及时的反馈，企业能够快速了解自身存在的问题和不足，进而采取有效措施加以改进。同时，评价反馈机制还应鼓励员工参与和反馈，激发员工的积极性和创造力，共同推动企业的持续改进和发展。此外，随着企业内外部环境的变化和战略目标的调整，企业绩效评价体系也需不断进行优化和完善，以适应新的发展需求。

四、企业绩效评价的分类

（一）时间维度下的分类：短期与长期绩效评价

企业绩效评价在时间维度上可以分为短期绩效评价与长期绩效评价两大类。短期绩效评价主要聚焦于企业当前运营周期内的成果与效率，强调快速响应市场变化、优化资源配置以实现短期利润最大化或特定经营目标。这类评价往往关注财务报表上的直接数据，如季度销售额、月度利润率、现金流状况等，能够迅速反映企业当前的经营状态和盈利能力。然而，过度追求短期绩效可能导致企业忽视长远发展，如研发投入不足、品牌建设滞后等，从而损害企业的长期竞争力。

相比之下，长期绩效评价则更加注重企业的可持续发展能力和未来价值创造。它超越了短期财务指标的局限，将评价视野拓展至数年甚至十年以上，关注于企业的市场地位、品牌影响力、技术创新能力、人才储备等长期竞争力指标。长期绩效评价鼓励企业采取更加稳健和前瞻性的战略，投资于未来增长潜力大的领域，如研发新技术、开拓新市场、培养核心团队等，以实现企业的长期繁荣与可持续发展。

（二）内容维度下的分类：财务与非财务绩效评价

从内容维度来看，企业绩效评价又可分为财务绩效评价与非财务绩效评价。财务绩效评价是传统且最为常见的评价方式，它主要基于企业的财务报表数据，通过计算各种财务指标来评估企业的盈利能力、偿债能力、运营效率等方面。财务指标具有客观性强、易于量化的特点，能够直观反映企业的经济状况和财务健康程度。然而，财务指标也存在一定局限性，如可能受到会计政策选择、短期行为激励等因素的影响，难以全面反映企业的真实价值和潜在风险。

非财务绩效评价则是对财务绩效评价的有益补充，它涵盖了除财务指标以外的所有与企业绩效相关的因素。非财务指标通常包括客户满意度、员工满意度、市场份额、创新能力、品牌形象、社会责任等，这些因素虽然难以直接量化，但对于企业的长期发展却至关重要。非财务绩效评价能够更全面地反映企业的综合实力和市场竞争力，帮助企业识别并改进非财务领域的短板，进而提升整体绩效水平。同时，非财务绩效评价也有助于引导企业树立正确的价值观和发展观，实现经济效益与社会效益的双赢。

企业绩效评价的分类方式多种多样，每种分类方式都有其独特的价值和意义。在实际应用中，企业应根据自身特点和需求选择合适的评价方式和指标体系，以确保绩效评价结果的客观性和有效性。同时，企业还应注重绩效评价的持续改进和创新，不断适应外部环境的变化和企业内部发展的需要，推动企业管理水平的不断提升和企业的可持续发展。

五、企业绩效评价的重要性

（一）企业管理的基石

企业绩效评价是企业管理不可或缺的基石。它如同企业的内部导航系统，为管理层提供了清晰、全面的运营视图，确保企业在复杂多变的市场环境中保持正确的航向。通过绩效评价，企业能够定期审视自身在财务、运营、市场、客户等多个方面的表现，及时发现问题、诊断原因并采取措施加以改进。这种持续性的自我审视和优化过程，不仅提升了企业的运营效率和管理水平，还增强了企业的适应性和韧性，为企业的长远发展奠定了坚实的基础。

（二）战略规划的指南针

企业绩效评价在战略规划中扮演着至关重要的角色。战略规划是企业未来发展的蓝图，而绩效评价则是检验这一蓝图是否切实可行的关键工具。

通过绩效评价，企业可以评估当前战略的实施效果，判断其是否符合市场趋势和企业实际，进而对战略进行必要的调整和优化。这种基于数据的战略评估和调整过程，确保了企业战略的前瞻性、科学性和可操作性，为企业指明了未来发展的方向和目标。

（三）利益相关者沟通的桥梁

企业绩效评价还是企业与利益相关者沟通的重要桥梁。利益相关者包括股东、员工、客户、供应商、政府及社会公众等，他们与企业的发展息息相关。通过绩效评价，企业可以向利益相关者展示自身的运营成果、财务状况和社会责任履行情况，增强他们的信任和支持。同时，绩效评价还能够促进企业与利益相关者之间的沟通和互动，了解他们的需求和期望，为企业制订更加符合市场和社会期望的发展战略和经营计划提供重要参考。这种开放、透明的沟通机制，有助于构建和谐的利益相关者关系，为企业的可持续发展创造良好的外部环境。

（四）推动持续改进与创新

企业绩效评价的重要性还体现在推动企业的持续改进与创新上。在快速变化的市场环境中，企业要想保持竞争优势，就必须不断进行创新和改进。绩效评价通过对企业运营状况的全面评估，能够揭示出企业在管理、技术、产品、服务等方面的不足和潜力，为企业提供改进和创新的方向和动力。同时，绩效评价还能够激发员工的积极性和创造力，鼓励他们提出新的想法和解决方案，推动企业不断向前发展。这种持续改进和创新的机制，有助于企业保持活力和竞争力，在激烈的市场竞争中立于不败之地。

第三节　可持续发展与企业绩效评价的关系

一、可持续发展对企业绩效评价的影响

（一）非财务指标纳入评价体系的必要性

可持续发展理念的核心在于平衡经济、社会与环境三方面的协调发展，这一理念深刻影响了企业绩效评价体系的构建。传统企业绩效评价往往侧重于财务指标，如利润、销售额等，这些指标虽能直接反映企业的经济绩效，却忽视了企业活动对社会和环境的长期影响。随着可持续发展理念的深入，企业开始意识到非财务指标，如社会责任、环境保护、员工满意度等的重要性，这些指标逐渐成为企业绩效评价不可或缺的一部分。非财务指标的纳入，促使企业从单一的经济视角转向更为全面、综合的发展视角，鼓励企业在追求经济效益的同时，积极履行社会责任，保护生态环境，实现长期可持续发展。

（二）长期效益成为评价焦点

可持续发展理念强调长期效益，而非短期利益最大化。这一理念促使企业绩效评价体系从关注短期财务指标转向注重长期价值创造。在可持续发展框架下，企业开始关注投资回报率、品牌价值、客户满意度等能够反映企业长期竞争力的指标。这些指标不仅关注企业的当前业绩，更重视企业的未来发展潜力和可持续性。通过评价长期效益，企业能够更准确地评估其战略决策的合理性，优化资源配置，确保企业的长期稳定发展。同时，长期效益的评价也促使企业更加注重创新和研发，不断推出符合市场需求和环保标准的新产品和技术，增强企业的核心竞争力和市场地位。

（三）促进综合评价体系的形成

可持续发展理念还推动了企业绩效评价体系的综合化。传统绩效评价往往侧重于某一方面或某一领域的表现，而可持续发展要求企业从多个维度、多个层面进行全面评价。因此，企业开始构建包含经济、社会、环境等多个方面的综合评价体系。这一体系不仅涵盖了财务指标和非财务指标，还融入了风险管理、创新能力、企业文化等多个维度的评价内容。通过建立综合评价体系，企业能够更全面地了解自身的经营状况和发展潜力，发现存在的问题和不足，进而制定针对性的改进措施和发展战略。

（四）强化利益相关者参与和透明度

可持续发展理念还强调利益相关者的参与和透明度的重要性。企业绩效评价不再仅仅是企业内部的事务，而是需要广泛吸纳股东、员工、客户、供应商、政府及公众等利益相关者的意见和建议。通过增强利益相关者的参与度和透明度，企业能够更好地了解各利益相关方的需求和期望，从而制定更加符合各方利益的发展战略和绩效评价标准。同时，透明度的提升也有助于增强企业的社会责任感和公信力，为企业赢得更多的社会支持和信任。因此，在可持续发展理念的指导下，企业绩效评价体系的变革不仅体现在评价指标和方法的调整上，更体现在评价主体和过程的开放性和包容性上。

二、企业绩效评价对可持续发展的支持

（一）引导经济绩效的稳健增长

企业绩效评价作为经济管理的核心工具，通过设定明确的财务指标如利润率、投资回报率等，直接驱动企业追求经济效益的最大化。这种以结果为导向的评价机制，促使企业不断优化资源配置，提高生产效率和产品质量，从而在市场上获得竞争优势。同时，绩效评价还关注企业的长期盈利能力，鼓励企业投资于研发创新、品牌建设等能够带来长期回报的领域，

避免了短期行为的诱惑，确保了经济绩效的稳健增长。这一过程不仅促进了企业自身的发展壮大，也为社会经济的持续增长提供了动力。

（二）强化社会责任与环境保护意识

随着社会对可持续发展认识的深入，企业绩效评价逐渐将社会责任和环境保护纳入考量范畴。通过将客户满意度、员工福祉、社区影响等非财务指标纳入评价体系，企业被引导去关注并满足利益相关者的多元化需求，从而增强了企业的社会责任感。同时，环境绩效指标如能源消耗、废物排放、资源利用效率等的引入，促使企业采取更加环保的生产方式和管理策略，减少对环境的负面影响，推动绿色经济的发展。这种转变不仅有助于企业树立良好的社会形象，提升品牌价值，还能为企业的长远发展奠定坚实的社会和环境基础。

（三）促进内部管理的优化与创新

企业绩效评价不仅是对外部成果的衡量，更是对内部管理水平的检验。通过定期对绩效进行评价，企业能够及时发现运营中存在的问题和不足，进而采取针对性措施加以改进。这一过程促进了企业内部管理的不断优化，提高了管理效率和决策的科学性。同时，绩效评价还鼓励企业探索新的管理理念和方法，如引入平衡计分卡、关键绩效指标（KPI）等先进工具，推动管理创新，以适应外部环境的变化和企业发展的需要。这种持续改进和创新的精神，是企业实现可持续发展的不竭动力。

（四）构建综合绩效评价体系，实现协调发展

为了全面推动企业实现经济、社会、环境的协调发展，企业需要构建一套综合绩效评价体系。这一体系应涵盖财务、非财务、环境等多个维度，通过科学设置指标和权重，全面反映企业的综合绩效水平。同时，体系还应具备灵活性和动态性，能够根据企业内外环境的变化进行适时调整和完善。通过这样的综合绩效评价体系，企业能够更清晰地认识到自身在可持续发展方面的优势和劣势，从而制订更加科学合理的战略规划和行动计划，

推动经济、社会、环境的全面协调发展。

三、可持续发展视角下的绩效评价转型

（一）从单一经济到综合维度的跨越

在可持续发展视角下，企业绩效评价的焦点不再局限于传统的经济指标，如利润、收入和市场份额等，而是向经济、社会、环境三个维度全面拓展。这一转变是响应全球可持续发展趋势的必然要求，也是企业实现长期繁荣和社会责任的内在需求。经济维度关注企业的盈利能力和经济贡献，但不再是唯一的衡量标准；社会维度强调企业对社会福祉的贡献，如员工福利、社区参与和消费者权益保护；环境维度则聚焦于企业对自然环境的保护和资源的高效利用。

（二）经济绩效的深化与拓展

尽管经济绩效依然重要，但在可持续发展视角下，其内涵得到了深化与拓展。企业不仅要追求短期经济效益，更要关注长期经济价值的创造。这要求企业在评价经济绩效时，不仅要看利润增长率、成本控制能力等传统指标，还要考察其业务模式是否可持续、是否具有创新能力以应对未来市场变化。同时，企业还需关注其经济活动对社会的正面溢出效应，如促进就业、增加税收、推动产业升级等。

（三）社会绩效的强化与细化

社会绩效在可持续发展视角下得到了前所未有的重视。企业不再是单纯的经济实体，而是社会的重要组成部分。因此，在评价社会绩效时，企业需全面考虑其对社会的影响，包括但不限于员工满意度、劳动权益保护、产品安全与质量、供应链管理中的社会责任等。通过强化和细化社会绩效指标，企业可以更加清晰地认识到自身在社会中的角色和责任，从而主动采取措施提升社会贡献度。

(四)环境绩效的引入与融合

环境绩效是可持续发展视角下企业绩效评价不可或缺的一部分。随着全球环境问题的日益严峻,企业作为经济活动的主要参与者,必须承担起环境保护的责任。在评价环境绩效时,企业需关注其在生产运营过程中对环境的影响,包括能源消耗、碳排放、水资源利用、废弃物处理等方面。通过引入和融合环境绩效指标,企业可以更加全面地评估自身在环境保护方面的表现,并采取有效措施减少负面影响,提升绿色发展水平。

可持续发展背景下的企业绩效评价实现了从单一经济视角向综合经济、社会、环境视角的根本性转变。这一转变不仅要求企业重新审视自身的价值取向和发展模式,还促使企业在追求经济效益的同时,更加注重社会效益和环境保护。通过构建全面、科学、合理的绩效评价体系,企业可以更加清晰地认识到自身在可持续发展道路上的优势和不足,从而制订出更加符合时代要求的发展战略和经营计划。

四、可持续发展目标与企业绩效评价指标的对接

(一)SDGs与企业绩效评价的融合背景

在全球化的今天,联合国可持续发展目标作为国际社会共同追求的愿景,为企业指明了发展方向。企业作为社会经济的重要组成部分,其经营活动对实现SDGs具有重要的责任。因此,将SDGs融入企业绩效评价指标体系,不仅是企业履行社会责任的体现,也是推动企业转型升级、实现长期可持续发展的关键路径。

(二)识别关键SDGs与企业战略的契合点

要实现SDGs与企业绩效评价指标的对接,首先需要识别哪些SDGs与企业的战略目标、业务模式及核心价值最为契合。企业应根据自身行业特点、发展阶段及资源能力,选择与之相关的SDGs作为重点关注的领域。例

如，制造业企业可能更关注清洁生产、资源高效利用及循环经济等与环境相关的SDGs；而服务业企业则可能更侧重于促进就业、提升服务质量及推动社会包容性等与社会相关的SDGs。通过明确契合点，企业可以更有针对性地制定绩效评价指标，确保评价体系的针对性和有效性。

（三）构建基于SDGs的绩效评价指标体系

在识别关键SDGs后，企业需要构建一套基于SDGs的绩效评价指标体系。这一体系应涵盖经济、社会、环境等多个维度，并具体化为可量化、可追踪的指标。例如，在经济维度，企业可以设立绿色收入增长率、低碳产品占比等指标来反映其经济活动的可持续性；在社会维度，可以设立员工培训与发展投入、社区贡献度等指标来评估企业对社会的贡献；在环境维度，则可以设立能源消耗强度、废物回收利用率等指标来衡量企业的环境绩效。同时，企业还应关注SDGs之间的内在联系和协同效应，确保评价指标体系的全面性和系统性。

（四）强化SDGs绩效评价的实施与监督

构建基于SDGs的绩效评价指标体系只是第一步，更重要的是要确保这一体系的有效实施和持续监督。企业应建立健全的绩效管理制度和流程，明确各级管理层的职责和权限，确保SDGs绩效评价指标能够得到有效执行。同时，企业还应加强内部沟通和培训，提高全体员工对SDGs的认识和参与度。此外，企业还应定期发布SDGs绩效报告，向利益相关方公开披露其在可持续发展方面的进展和成果，接受社会监督。通过强化实施与监督，企业可以不断提升其可持续发展能力，为实现SDGs贡献自己的力量。

五、可持续发展与企业绩效评价的互动机制

（一）绩效评价为可持续发展设定航标

企业绩效评价作为管理工具，其首要作用在于为企业设定清晰、可量

化的目标,这些目标往往与可持续发展紧密相连。通过将可持续发展的关键要素如环境保护、社会责任、经济效率等转化为具体的绩效指标,企业绩效评价为企业指明了发展方向。这些指标不仅反映了企业当前的经营状况,更预示了企业未来的发展趋势,从而引导企业不断调整战略,优化资源配置,以确保在实现经济效益的同时,兼顾社会与环境的可持续发展。

(二)可持续发展理念引领绩效评价创新

可持续发展理念的深入人心,促使企业绩效评价不断进行创新与发展。传统的绩效评价往往侧重于财务指标,忽视了非财务指标和环境绩效的重要性。而在可持续发展的框架下,企业开始关注更加全面的绩效评价体系,将客户满意度、员工满意度、创新能力、环境保护等非财务指标纳入考量范围,使绩效评价更加贴近企业实际和社会需求。这种创新不仅提升了绩效评价的准确性和有效性,还推动了企业管理模式的变革,促进了企业的长远发展。

(三)绩效评价反馈机制促进持续改进

企业绩效评价不仅是对过去成果的总结,更是对未来行动的指导。通过定期对企业绩效进行评价,企业能够及时发现存在的问题和不足,进而通过反馈机制进行改进和优化。这种持续改进的过程正是推动可持续发展目标实现的关键。当绩效评价结果显示企业在某一方面存在短板时,企业可以有针对性地制定改进措施,如加大研发投入、改善工作环境、优化供应链管理等,以提升整体绩效水平。这种基于绩效评价的持续改进机制,确保了企业在可持续发展的道路上不断前行。

(四)绩效评价与可持续发展目标深度融合

企业绩效评价与可持续发展目标实现了深度融合。企业不再将绩效评价视为一项孤立的工作,而是将其视为推动可持续发展目标实现的重要手段。在制定绩效评价指标时,企业会充分考虑可持续发展目标的要求,确保评价结果与企业的长远发展战略相契合。同时,在评价过程中,企业也会注重将可持续发展理念融入各项管理活动中,通过绩效评价的引导作用,推动企业在经济、社会、环境等多个领域实现协调发展。这种深度融合不仅提升了企业的综合竞争力,还为社会的可持续发展做出了积极贡献。

第四节 可持续发展视角下企业绩效评价的新要求

一、多元化评价指标体系的构建

(一)多元化评价的必要性与紧迫性

在可持续发展成为全球共识的今天,企业作为经济活动的主体,其绩效评价体系急需从传统单一的经济维度中解脱出来,构建一个涵盖经济、社会、环境等多方面的多元化评价指标体系。这一转变不仅是企业响应时代要求的必然选择,也是企业自身实现长远发展的内在需求。多元化评价体系的建立,能够更全面地反映企业的运营状况和社会责任履行情况,为企业的战略决策提供更为科学、合理的依据。

(二)经济绩效指标的全面考量

经济绩效作为企业发展的基石,仍然是多元化评价体系中的重要组成部分。然而,在可持续发展视角下,经济绩效的评价不再仅仅关注利润最大化或收入增长速度的提升,而是更加注重企业的盈利能力、资产质量、债务风险以及长期增长潜力等多个方面。同时,还需要考虑企业经济活动的社会效益和环境影响,确保企业在追求经济效益的同时,不损害社会公共利益和自然环境。

(三)社会绩效指标的深度挖掘

社会绩效指标是衡量企业对社会贡献程度的重要标尺。在多元化评价体系中,社会绩效应涵盖员工权益保护、消费者权益保障、社区参与和贡献、供应链管理中的社会责任等多个方面。企业需通过建立健全的社会责任管理体系，确保在经营过程中充分尊重和保护利益相关者的权益，积极履行社会责任，促进社会和谐与进步。

（四）环境绩效指标的绿色引领

环境绩效指标是多元化评价体系中的关键一环。随着全球环境问题的日益严峻，企业在追求经济效益的同时，必须承担起环境保护的责任。环境绩效指标应涵盖企业的资源利用效率、污染排放控制、生态环境保护以及绿色技术研发与应用等多个方面。通过设定明确的环境目标，企业可以推动自身向绿色、低碳、循环的发展模式转变，为可持续发展贡献力量。

（五）多元化评价指标体系的整合与运用

构建多元化评价指标体系是一个系统工程，需要企业在实践中不断探索和完善。在整合经济、社会、环境等多方面指标时，企业应注重指标之间的内在联系和相互影响，确保评价体系的科学性和合理性。同时，企业还需建立健全的绩效评价机制，将多元化评价结果与企业的战略规划、经营管理、激励约束等紧密结合起来，形成推动企业可持续发展的强大动力。通过多元化评价指标体系的构建和运用，企业可以更加全面地审视自身的发展状况，明确未来的发展方向和目标，为实现经济、社会、环境的协调发展奠定坚实基础。

二、长期效益与短期效益的平衡

（一）长期效益与短期效益的辩证关系

在企业的绩效评价体系中，长期效益与短期效益的平衡是至关重要的一环。长期效益关乎企业的持续竞争力和未来价值创造，是企业稳健发展的基石；而短期效益则是企业日常运营的直接成果，是企业生存和现金流量的保障。两者并非相互排斥，而是相辅相成、相互促进的关系。忽视长期效益可能导致企业短视行为频发,牺牲未来发展潜力;而过度追求短期效益则可能损害企业的长期利益和可持续发展能力。

(二)长期效益导向的重要性

强调长期效益导向,并非意味着要放弃对短期经营成果的关注,而是要求企业在制定战略和进行绩效评价时,能够超越眼前的利益,着眼于企业的长远发展。长期效益导向有助于企业构建可持续发展的商业模式,推动技术创新和产品升级,提升品牌价值和市场竞争力。同时,它还能激发企业的内在动力,鼓励员工为实现企业的长远目标而努力奋斗。在绩效评价中融入长期效益指标,如市场份额增长率、品牌忠诚度、研发投入比等,能够引导企业关注长期价值的创造,避免陷入短期利益的陷阱。

(三)短期经营成果的必要保障

虽然长期效益是企业发展的根本,但短期经营成果同样不可忽视。短期经营成果是企业现金流量的重要来源,也是衡量企业当前运营状况的重要指标。一个良性发展的企业应该能够在保持短期经营稳定的同时,积极寻求长期发展的机遇。因此,在绩效评价中,企业应确保短期经营成果的合理反映,如通过设置销售额增长率、毛利率、净利润率等短期财务指标,来评估企业当前的盈利能力和市场表现。同时,企业还应关注运营效率的提升和成本控制的优化,以确保短期经营成果的稳定增长。

(四)实现长期与短期效益的平衡策略

要实现长期效益与短期效益的平衡,企业需要采取一系列策略。首先,企业应明确自身的发展阶段和战略目标,根据实际情况合理分配资源于短期经营和长期发展之间。其次,企业应建立科学的绩效评价体系,将长期效益指标和短期经营成果指标有机结合,形成全面、客观的绩效评价结果。同时,企业还应加强内部沟通和协作,确保各部门和员工对长期效益和短期经营成果的认识保持一致。此外,企业还应关注市场变化和竞争态势,灵活调整战略和策略,以应对外部环境的不确定性。最后,企业应注重培养和引进具有长期视野和创新能力的人才队伍,为企业的可持续发展提供有力的人才保障。通过这些策略的实施,企业可以在追求短期经营成果的同时,确保长期效益的实现,实现企业的稳健、可持续发展。

三、社会责任与环境保护的强化考核

(一)社会责任考核的必要性

企业是社会的重要组成部分,在追求经济效益的同时,必须承担起相应的社会责任。将社会责任纳入企业绩效评价体系,是促使企业积极履行社会责任、实现可持续发展的必然要求。通过设定明确的社会责任考核指标,如员工权益保护、消费者权益维护、社区关系和谐等,企业能够清晰地认识到自身在社会中的角色与责任,从而更加主动地参与到社会公益事业中,为社会的和谐稳定贡献力量。

(二)环境保护考核的紧迫性

随着全球环境问题的日益严峻,环境保护已成为全人类共同面临的重大课题。企业作为经济活动的主要参与者,其生产经营活动对环境的影响不容忽视。因此,在绩效评价中加强对环境保护的考核,是推动企业绿色转型、实现低碳发展的重要手段。通过设立环境绩效指标,如能源消耗量、废物排放量、资源回收利用率等,企业能够直观地了解自身在环境保护方面的表现,进而采取有效措施减少污染、节约资源,促进生态环境的良性循环。

(三)构建综合考核体系,强化责任与环保导向

为了全面强化企业在社会责任和环境保护方面的表现,需要构建一套综合的考核体系。这一体系应涵盖财务绩效、社会责任绩效和环境绩效三大维度,确保评价的全面性和客观性。在财务绩效方面,继续保留传统的财务指标,以反映企业的经济效益;在社会责任绩效方面,设置员工满意

度、客户满意度、社区参与度等指标，以衡量企业在社会层面的贡献；在环境绩效方面，则引入能源消耗、废物处理、绿色产品等指标，以评估企业在环境保护方面的努力与成效。通过这三大维度的综合考核，企业能够清晰地看到自身在可持续发展道路上的优势与不足，从而有针对性地制订改进措施。

（四）强化考核结果的运用与激励

企业绩效评价的目的不仅在于发现问题，更在于解决问题并推动持续改进。因此，必须强化考核结果的运用与激励机制。对于在社会责任和环境保护方面表现突出的企业，应给予表彰和奖励，如颁发荣誉证书、提供政策优惠等，以激发其继续努力的积极性。同时，对于表现不佳的企业，则应采取相应的惩罚措施，如限制融资、提高税收等，以促使其尽快改进。此外，还应建立公开透明的信息披露机制，定期向社会公布企业的社会责任和环境保护绩效情况，接受公众监督，形成全社会共同关注和支持可持续发展的良好氛围。

四、利益相关者的参与与沟通

（一）利益相关者视角的重要性

在绩效评价的广阔舞台上，利益相关者的声音如同不可或缺的旋律，为评价过程增添了多维度的色彩与深度。企业作为社会经济的细胞，其运营与发展不仅关乎自身，更与股东、员工、客户、供应商、政府、社区等各方利益紧密相连。因此，在构建和实施绩效评价体系时，充分考虑并融入利益相关者的意见和需求，是确保评价全面、公正、有效的关键所在。

（二）增强透明度与信息披露

为了促进利益相关者的有效参与，企业需增强绩效评价的透明度，主动披露相关信息。这包括但不限于企业的财务状况、经营成果、社会责任项目、环境保护措施以及未来发展规划等。借助公开透明的信息披露机制，企业能够向利益相关者展示其运营的真实面貌，增进彼此之间的信任与理解。同时，这也为利益相关者提供了评价和监督企业的依据，促使企业不断提升绩效水平。

（三）建立双向沟通渠道

有效的沟通是连接企业与利益相关者的桥梁。企业应积极建立并维护双向沟通渠道，确保利益相关者的意见和需求能够及时传达至企业内部，并得到认真考虑和妥善处理。这可以通过定期召开股东大会、员工大会、客户座谈会、供应商交流会等形式实现，也可以通过建立在线反馈平台、社交媒体互动等方式加强与利益相关者的日常沟通。通过双向沟通，企业能够更准确地把握利益相关者的期望与关切，从而制定出更加符合各方利益的绩效评价标准和策略。

（四）合作共赢的伙伴关系

在绩效评价过程中，企业应致力于与利益相关者建立合作共赢的伙伴关系。这意味着企业不仅要关注自身的利益诉求，更要尊重并理解利益相关者的利益关切，寻求双方或多方共赢的解决方案。例如，在环境保护方面，企业可以与政府、社区及环保组织合作，共同推动绿色技术的研发与应用；在供应链管理方面，企业可以与供应商建立长期稳定的合作关系，共同提升产品质量和服务水平。通过建立合作共赢的伙伴关系，企业能够汇聚更多资源和力量，共同推动可持续发展目标的实现。

（五）持续改进与反馈机制

绩效评价并非一蹴而就的过程，而是一个需要持续改进和优化的循环。企业应建立健全的反馈机制，及时收集和分析利益相关者的反馈意见，对绩效评价体系进行必要的调整和完善。这包括优化评价指标、改进评价方法、加强评价结果的应用等方面。通过持续改进和反馈机制，企业能够不断提升绩效评价的科学性和有效性，更好地满足利益相关者的期望和需求，推动企业向更高水平的可持续发展迈进。

五、绩效评价结果的反馈与持续改进

（一）绩效评价结果反馈的必要性

绩效评价结果是企业运营管理的晴雨表，它不仅反映了企业当前的经营状况和绩效水平，更为企业未来的管理和决策提供了重要依据。因此，建立有效的绩效评价结果反馈机制，对于企业的持续改进和长远发展至关重要。通过及时、准确地反馈绩效评价结果，企业能够清晰地认识到自身的优势和不足，明确改进的方向和目标，从而有针对性地调整战略、优化流程、提升管理效能。

（二）构建多层次的反馈渠道

为确保绩效评价结果的全面、有效反馈，企业应构建多层次的反馈渠道。首先，应建立自上而下的反馈机制，高层管理者需将绩效评价结果传达至中层及基层管理者，明确企业整体绩效状况及各部门、各岗位的贡献与不足。同时，鼓励中层及基层管理者将具体执行过程中遇到的问题和困难向上反馈，以便高层管理者能够及时调整策略和资源分配。其次，应强化横向沟通，促进部门间、团队间的信息共享和协作，确保绩效评价结果能够在更广泛的范围内得到讨论和应用。此外，还应建立员工反馈渠道，鼓励员工就个人绩效、团队绩效及企业整体绩效提出意见和建议，增强员工的参与感和归属感。

（三）利用反馈结果指导决策与改进

绩效评价结果的反馈不应仅停留在信息传递层面，更应成为企业管理和决策的重要依据。企业应深入分析绩效评价结果，挖掘背后的原因和规律，为制订更为科学、合理的战略和计划提供支撑。例如，针对绩效评价中暴露出的薄弱环节，企业可以加大资源投入，优化资源配置；针对表现突出的领域，则可以总结经验，进一步巩固和拓展。同时，企业还应将绩效评价结果与激励机制相结合，通过奖励优秀、鞭策后进的方式，激发员工的积极性和创造力，推动企业整体绩效的不断提升。

（四）推动绩效评价体系的持续改进

绩效评价体系的建立并非一劳永逸，而是需要随着企业内外部环境的变化而不断调整和完善。因此，企业应建立绩效评价体系的持续改进机制，确保评价体系的科学性、有效性和适应性。一方面，企业应定期回顾和评估绩效评价体系的运行情况，收集各方面的意见和建议，发现存在的问题和不足；另一方面，企业应积极学习和借鉴国内外先进企业的绩效评价理念和做法，结合企业自身实际，不断优化和完善评价体系。此外，企业还应关注绩效评价技术的发展趋势，如大数据、人工智能等技术的应用，为绩效评价体系的创新提供技术支持和保障。通过持续改进绩效评价体系，企业能够不断提升绩效管理水平，为企业的可持续发展奠定坚实基础。

第二章 企业可持续发展绩效评价框架构建

第一节 绩效评价框架构建原则

一、系统性原则

（一）经济维度的核心地位

在构建企业绩效评价框架时，经济维度作为核心，是企业生存与发展的基石。它不仅关乎企业的盈利能力、资产运营效率等直接财务指标，还涉及企业的市场竞争力、创新能力等间接经济因素。经济维度的全面覆盖，要求绩效评价不仅要关注短期财务成果，如利润增长率、销售额等，更要注重长期经济价值的创造，如品牌价值、市场份额的稳步提升。通过经济维度的系统评价，企业能够明确自身在经济领域的位置与潜力，为可持续发展奠定坚实的经济基础。

（二）社会维度的不可或缺性

社会维度是企业绩效评价中不可或缺的一环，它体现了企业对社会的贡献与责任。社会维度的考核内容广泛，包括但不限于员工权益保护、消费者权益维护、社区关系和谐、公益慈善活动等。这些方面不仅关乎企业的社会形象与声誉，更直接影响企业的长期稳定发展。将社会维度纳入绩效评价框架，能够促使企业更加关注社会福祉，积极履行社会责任，从而在社会上树立良好的企业形象，赢得更广泛的认可与支持。

（三）环境维度的战略意义

随着全球环境问题的日益突出，环境维度在企业绩效评价中的战略意义愈发凸显。环境维度的考核主要关注企业在生产经营过程中对自然环境的影响，包括能源消耗、废物排放、资源利用效率等方面。通过环境维度的系统评价，企业能够清晰地认识到自身在环境保护方面的责任与义务，进而采取有效措施减少污染、节约资源，推动绿色生产方式的转变。这不仅有助于企业实现可持续发展，还能为企业带来长远的环境效益与经济效益。

（四）三大维度的相互关联与支撑

企业绩效评价框架中的经济、社会、环境三大维度并非孤立存在，而是相互关联、相互支撑的系统。经济维度的健康发展为企业履行社会责任和环境保护提供了物质基础；社会维度的良好表现能够增强企业的社会认同感和品牌忠诚度，进而促进经济绩效的提升；而环境维度的持续优化则为企业创造了更加广阔的发展空间和市场机遇。因此，在构建绩效评价框架时，必须充分考虑三大维度之间的内在联系与互动关系，确保它们能够相互协调、相互促进，共同推动企业实现全面、协调、可持续的发展。通过这一系统性原则的遵循，企业能够建立起一套科学、全面、有效的绩效评价机制，为企业的长远发展提供有力保障。

二、科学性原则

（一）理论支撑与科学方法

在构建企业绩效评价体系时，科学性原则如同一盏明灯，指引着评价指标的选取与权重的确定。这一原则强调评价过程必须根植于坚实的理论土壤，并借助科学的研究方法来确保评价结果的客观性与准确性。理论支撑为企业绩效评价提供了逻辑严密、系统完整的框架，使得评价工作有据可依、有章可循；而科学方法则确保了评价过程中数据收集、处理、分析的规范性和有效性，从而避免了主观臆断和偏见的影响。

（二）评价指标的严谨筛选

评价指标的选取是绩效评价工作的核心环节之一。在科学性原则的指导下，企业应遵循一系列严谨的标准和流程来筛选评价指标。首先，评价指标需与企业的战略目标紧密相连，能够准确反映企业在经济、社会、环境等方面的表现；其次，评价指标应具有可衡量性，即能够通过定量或定性的方式进行准确测量和评估；此外，评价指标还应具备时效性和可比性，以便在不同时间段或不同企业间进行比较分析。通过这一系列筛选标准的应用，企业能够构建出一个既全面又精炼的评价指标体系，为绩效评价工作奠定坚实的基础。

（三）权重分配的合理性

权重是衡量各评价指标相对重要性的量化指标，其分配的合理性直接影响绩效评价结果的准确性和公正性。在科学性原则的指导下，权重的确定应基于深入的分析和严谨的计算。企业可以采用层次分析法、专家打分法等多种科学方法来确定各评价指标的权重。这些方法通过综合考虑评价指标的多个维度和影响因素，运用数学模型进行量化计算，从而得出科学合理的权重分配方案。同时，企业还应定期对权重分配方案进行审视和调整，以确保其能够随着企业战略目标和市场环境的变化而保持动态平衡。

（四）数据收集与处理的规范性

数据是企业绩效评价的基石。在科学性原则的指导下，企业应确保数据收集与处理的规范性。这包括明确数据来源、确保数据真实可靠、采用适当的数据处理方法等方面。企业应建立健全的数据管理体系，对收集到的数据进行严格的质量控制和校验，以确保其准确性和完整性。同时，在数据处理过程中，企业还应遵循科学的方法和标准，如数据清洗、转换、标准化等步骤，以消除数据中的噪声和冗余信息，提高数据分析的准确性和效率。

（五）评价结果的客观性与应用

科学性原则的最终目标是确保绩效评价结果的客观性和准确性。通过严谨的评价指标选取、合理的权重分配、规范的数据收集与处理等环节，企业能够得出客观公正的评价结果。这些结果不仅反映了企业在经济、社会、环境等方面的真实表现，还为企业提供了宝贵的决策依据。企业可以根据评价结果对自身运营状况进行全面审视和深入分析，找出存在的问题和不足之处，并制定相应的改进措施和优化方案。同时，企业还可以将评价结果应用于激励约束、战略规划、资源配置等多个方面，推动企业向更高水平的可持续发展迈进。

三、可操作性原则

（一）简洁明了的评价指标设计

在构建绩效评价框架时，首要原则是确保评价指标的简洁明了。这意味着所选取的指标应当直观易懂，能够直接反映企业的关键绩效维度，避免过于复杂或晦涩难懂的术语和计算方式。通过简化指标设计，不仅降低了企业内部员工对绩效评价体系的认知门槛，提高了实施的便捷性，同时也便于外部利益相关者如投资者、客户、合作伙伴等快速理解企业的绩效状况。因此，企业应精心挑选那些最具代表性和影响力的指标，确保它们既能够全面反映企业绩效，又能够简洁明了地呈现出来。

（二）标准化与灵活性的平衡

绩效评价框架的可操作性还体现在其标准化与灵活性的平衡上。一方面，为了确保评价的客观性和可比性，企业需要建立一套标准化的评价流程和指标体系，明确评价的标准、方法和周期，减少人为因素的干扰。另一方面，企业也应认识到不同行业、不同发展阶段的企业在绩效评价上可能存在差异，因此需要在保持标准化的基础上，具有一定程度的灵活性。这包括根据企业实际情况调整评价指标的权重、阈值等参数，以及为特定项目或部门制订个性化的评价方案。通过标准化与灵活性的有机结合，企业能够构建出一个既规范又灵活的绩效评价框架，更好地适应企业的实际需求。

（三）数据收集与处理的高效性

绩效评价框架的可操作性还依赖于高效的数据收集与处理机制。企业需要建立完善的数据收集系统，确保能够及时、准确地获取与绩效评价相关的各项数据。这包括财务数据、市场数据、运营数据等多个方面。同时，企业还应采用先进的数据处理技术，对收集到的数据进行清洗、整理和分析，以便快速生成绩效评价所需的报告和图表。通过提高数据收集与处理的效率，企业能够减轻绩效评价工作的负担，提高评价结果的准确性和时效性，为企业的管理和决策提供有力支持。

（四）强化培训与沟通

为了确保绩效评价框架的顺利实施和利益相关者的理解，企业还需要加强培训与沟通工作。一方面，企业应对内部员工进行系统的培训，帮助他们理解绩效评价框架的设计思路、评价指标的含义以及评价流程的具体操作。通过培训，员工能够更好地掌握绩效评价的方法和技巧，提高评价的准确性和公正性。另一方面，企业还应积极与利益相关者进行沟通，向他们介绍绩效评价框架的设计初衷、实施效果以及对企业发展的重要意义。通过沟通，企业能够增强利益相关者的认同感和信任感，为绩效评价工作的顺利开展营造良好的外部环境。同时，企业还可以根据利益相关者的反馈意见，不断优化和完善绩效评价框架，提高其可操作性和适用性。

四、前瞻性原则

（一）预见未来趋势并引领评价创新

在构建企业绩效评价框架时，前瞻性原则要求我们必须具备敏锐的洞察力，能够预见并把握未来经济、社会、环境等领域的发展趋势。这意味着评价体系不仅要反映当前企业的运营状况，更要能够预测和适应未来的变化。通过深入研究行业动态、政策法规、技术革新等外部因素，结合企业内部资源和能力分析，我们可以设计出具有前瞻性的评价指标和方法，确保评价体系能够持续有效地指导企业未来的发展方向。例如，随着数字化转型的加速，我们可以将数字化能力、数据治理水平等新兴指标纳入评价体系，以引导企业不断提升其数字化竞争力。

（二）强化韧性评估来应对未来挑战

未来充满了不确定性，企业将面临各种潜在的风险和挑战。因此，在构建绩效评价框架时，我们必须充分考虑这些因素，确保评价体系能够帮助企业有效应对未来的挑战。这包括在评价体系中引入韧性评估机制，即评估企业在面对外部冲击时保持运营稳定、快速恢复并持续发展的能力。通过韧性评估，企业可以识别自身的脆弱环节，并制定相应的风险防范和应对措施，以增强其应对未来挑战的能力和信心。同时，韧性评估还有助于企业发现并抓住危机中的机遇，实现逆境中的成长和突破。

（三）保持评价体系的灵活性与可调整性

前瞻性原则还强调评价体系的灵活性与可调整性。由于未来环境的不确定性和变化性，评价体系必须能够随着外部环境和企业内部条件的变化而进行相应的调整和优化。这要求我们在构建评价体系时采用模块化、可配置的设计思路，使得各项评价指标和方法可以根据需要进行增减、修改或替换。同时，我们还需要建立一套完善的监控和反馈机制，定期对评价体系的实施效果进行评估和分析，及时发现并纠正存在的问题和不足。通过保持评价体系的灵活性与可调整性，我们可以确保其始终能够与企业的发展需求保持同步，为企业的持续发展提供有力支持。

（四）培养未来导向的企业文化

最后，前瞻性原则还要求我们培养一种未来导向的企业文化。这种文化强调对未来的关注和思考，鼓励员工积极参与到企业未来发展的规划和决策中来。通过教育培训、激励机制等手段，我们可以激发员工的创新精神和责任感，使他们能够主动关注行业动态和技术革新，为企业的发展贡献智慧和力量。同时，这种文化还有助于企业形成一种积极向上的氛围和团队精神，为企业的持续发展注入强大的动力。总之，前瞻性原则是企业绩效评价框架构建中不可或缺的重要原则之一。只有充分考虑未来发展趋势和挑战，我们才能构建出具有持续有效性和适应性的评价体系，为企业的持续发展提供有力保障。

五、动态调整原则

（一）适应变化，灵活应变

在快速变化的商业环境中，企业面临着来自市场、技术、政策等多方面的挑战与机遇。动态调整原则强调，绩效评价框架不应是一成不变的，而应是一个持续进化的过程。它要求企业具备敏锐的洞察力和灵活的应变能力，定期审视并评估现有评价体系的适应性和有效性，及时捕捉内外部环境的变化信号，并据此对评价体系进行相应的调整和优化。这种灵活性不仅有助于企业准确把握市场动态，更能在竞争中占据先机，实现可持续发展。

（二）可持续发展目标的引领

可持续发展目标是企业绩效评价的重要方向。随着全球对可持续发展的认识不断加深,企业所承担的社会责任和环境责任也日益凸显。动态调整原则要求企业将可持续发展目标纳入绩效评价体系,确保评价指标与全球及行业的可持续发展趋势保持一致。当企业的可持续发展目标发生变化时,如新增环保项目、调整社会责任策略等,绩效评价框架也应随之更新,以确保评价工作的针对性和有效性。

(三)持续学习与反馈机制

动态调整原则还强调建立持续学习与反馈机制。企业应鼓励员工积极参与绩效评价过程,提供宝贵的意见和建议。同时,通过定期的组织培训、经验分享等活动,不断提升员工对绩效评价工作的理解和认识。此外,企业还应建立有效的反馈渠道,及时收集并处理来自内部和外部的反馈信息,为评价体系的调整和优化提供有力支持。这种持续学习与反馈机制有助于企业不断完善绩效评价框架,提高评价工作的科学性和准确性。

(四)风险评估与应对策略

在动态调整的过程中,企业还需关注潜在的风险因素。市场环境的变化、技术创新的冲击、政策法规的调整等都可能对企业的绩效评价工作产生影响。因此,企业需建立风险评估机制,对可能影响评价体系的内外部因素进行全面分析和评估,并制定相应的应对策略。这有助于企业提前做好准备,有效应对潜在风险,确保绩效评价工作的顺利进行。

(五)创新驱动与持续改进

动态调整原则鼓励企业在绩效评价领域进行创新驱动和持续改进。企业应积极探索新的评价方法和工具,如大数据、人工智能等先进技术的应用,以提高评价工作的效率和准确性。同时,企业还应保持开放的心态,积极借鉴国内外先进企业的成功经验,不断完善自身的绩效评价体系。通过创新驱动和持续改进,企业能够不断提升绩效评价工作的水平,为企业的可持续发展提供有力保障。

第二节 绩效评价框架构成要素分析

一、评价目标

(一)绩效评价的经济维度目标

绩效评价的首要目标在于促进企业经济的稳健与高效发展。在快速变化的商业环境中,企业需通过科学的绩效评价机制,准确衡量其经济效益和市场竞争力。这不仅包括传统意义上的财务指标,如营收增长率、利润率、成本控制等,还应涵盖市场份额、客户满意度、品牌价值等能够反映企业市场地位和长期发展潜力的非财务指标。通过综合考量这些指标,企业能够更全面地评估其经济绩效,确保在追求短期盈利的同时,不偏离长期可持续发展的轨道。绩效评价的经济维度目标,旨在引导企业实现经济效益与社会责任、环境保护的和谐统一,为企业的持续繁荣奠定坚实基础。

(二)绩效评价的社会责任目标

绩效评价的第二个重要目标是强化企业的社会责任意识,促进企业与社会的和谐共生。企业应认识到,其经营活动不仅关乎自身经济利益,更对人民福祉产生深远影响。因此,绩效评价框架中应纳入社会责任相关的评价指标,如员工福利、劳动权益保护、社区贡献、消费者权益保障等。这些指标旨在评估企业在保障员工权益、促进社会公平、参与公益事业等方面的表现,鼓励企业积极履行社会责任,树立良好的企业形象。通过绩效评价的社会责任目标,企业能够提升自身的社会认同感和品牌价值,为企业的长远发展创造有利的社会环境。

(三)绩效评价的环境保护目标

随着全球环境问题的日益严峻,环境保护已成为企业不可忽视的重要议题。绩效评价的环境保护目标，旨在推动企业实现绿色、低碳、循环的发展模式，减少对自然环境的负面影响。这要求企业在制定绩效评价框架时，必须纳入与环境保护相关的评价指标，如能源消耗强度、碳排放量、废物回收利用率、环保投入比等。这些指标能够直观反映企业在节能减排、资源循环利用、环境保护等方面的努力和成效。通过绩效评价的环境保护目标，企业能够明确自身在环境保护方面的责任和使命，积极探索和推广绿色技术和管理模式，为实现全球可持续发展贡献自己的力量。

（四）综合评价与持续改进

绩效评价的最终目标在于促进企业经济、社会、环境的协调发展，实现长期可持续发展。为此，企业需要建立一个综合、全面、动态的绩效评价体系，将经济、社会、环境三个维度的目标有机融合，形成一个相互促进、相互制约的有机整体。在评价过程中，企业应注重数据的真实性和可靠性，采用科学合理的评价方法和技术手段，确保评价结果的客观性和公正性。同时，企业还应将绩效评价结果作为管理和决策的重要依据，及时发现问题和不足，制订有针对性的改进措施和计划。通过持续改进和不断优化绩效评价体系，企业能够不断提升自身的综合竞争力和可持续发展能力，为实现经济、社会、环境的和谐共生贡献力量。

二、评价主体

（一）企业内部管理者的核心角色

在企业绩效评价过程中，企业内部管理者扮演着至关重要的角色。他们不仅是评价体系的制定者与执行者，更是推动企业持续改进与发展的核心力量。内部管理者需要深入理解企业战略目标，将其转化为具体可衡量的绩效指标，并确保这些指标能够全面覆盖经济、社会、环境三大维度。同时，他们还需负责收集、整理和分析评价数据，运用科学的评价方法和工具对企业绩效进行客观、公正的评估。通过评价结果，内部管理者能够发现企业运营中的亮点与不足，为企业决策提供有力支持。此外，内部管理者还需积极推动评价结果的应用与反馈，确保企业能够根据评价结果及时调整战略方向、优化资源配置，以实现可持续发展目标。

（二）外部利益相关者的监督与参与

外部利益相关者在企业绩效评价中同样占据重要地位。他们包括投资者、客户、供应商、政府监管机构、行业协会、非政府组织以及社会公众等。这些外部主体不仅关注企业的经济效益，更关心企业的社会责任和环境保护表现。他们通过参与企业绩效评价，能够监督企业行为是否符合法律法规、行业标准和社会期望，促进企业的合规经营和诚信发展。同时，外部利益相关者的反馈和建议也是企业改进和提升绩效的重要参考。通过吸纳这些意见和建议，企业能够更加精准地把握市场需求和社会期待，不断优化产品和服务质量，增强品牌影响力和市场竞争力。

（三）强化内外部主体的沟通与协作

为了确保企业绩效评价的全面性、客观性和有效性，必须强化内外部主体之间的沟通与协作。内部管理者应积极与外部利益相关者建立常态化的沟通机制，及时分享企业发展动态、绩效评价结果及改进措施等信息，增强信息透明度，赢得外部信任和支持。同时，内部管理者还需虚心听取外部利益相关者的意见和建议，及时调整评价体系和评价标准，以更好地满足外部期望和需求。此外，内外部主体之间还可以通过共同参与评价标准的制定、评价过程的监督以及评价结果的评估等环节，形成协同效应，共同推动企业绩效评价工作的深入开展。

（四）培养多元评价主体的共同认知

为了实现内外部主体在企业绩效评价中的有效合作与共赢，需要培养多元评价主体的共同认知。这包括对企业发展目标、绩效评价标准、评价方法等方面的理解和认同。通过教育培训、宣传引导等方式，可以帮助内外部主体更加清晰地认识到企业绩效评价的重要性和意义，掌握相关的知识和技能，形成共识和合力。同时，还需要建立健全的沟通协调机制，及时解决评价过程中出现的分歧和矛盾，确保评价工作的顺利进行。通过培养多元评价主体的共同认知，可以构建起一个和谐、包容、合作的绩效评价生态环境，为企业持续健康发展提供有力保障。

三、评价对象

（一）企业整体视角的全面性

在绩效评价的过程中，确定评价对象是企业迈出的关键一步。首先，以企业整体作为评价对象，意味着将企业的战略目标、经营成果、财务状况、社会责任、创新能力等各个方面纳入评价范畴，形成一个全面而系统的评价视角。这种全面性有助于企业高层管理者从整体上把握企业的发展状况，识别优势与不足，为制订和调整战略决策提供有力支持。同时，它也促进了企业内部各部门的协同合作，共同推动企业整体绩效的提升。

（二）特定业务单元的精准定位

除了企业整体外，特定业务单元也是绩效评价的重要对象。在多元化经营的企业中，不同业务单元面临着不同的市场环境、竞争态势和发展机遇。因此，将特定业务单元作为评价对象，可以更加精准地定位其绩效表现，分析其在市场中的竞争地位、盈利能力、运营效率等关键指标。这种精准定位有助于企业优化资源配置，加强对重点业务单元的支持与投入，同时也为业务单元的独立核算和自主管理提供了基础。

（三）项目的独立性与阶段性评估

项目作为企业实现特定目标的重要手段，其绩效评价同样不容忽视。在确定评价对象时，将项目纳入其中，意味着要对项目的立项、实施、验收等各个阶段进行独立而全面的评估。这种评估不仅关注项目的最终成果，还注重项目过程中的管理效率、团队协作、风险控制等方面。通过对项目的独立性与阶段性评估,企业可以及时发现并纠正项目执行中的问题,确保项目目标的实现,同时也为未来的项目管理积累了宝贵经验。

(四)评价对象的灵活性与适应性

值得注意的是,评价对象的确定并非一成不变,而应根据企业的实际情况和发展需求灵活调整。随着企业战略目标的调整、市场环境的变化以及业务结构的优化,评价对象也应相应地进行调整与更新。这种灵活性与适应性确保了绩效评价工作的时效性和针对性,使得评价结果能够真正反映企业的实际状况和发展需求。同时,它也要求企业具备敏锐的市场洞察力和高效的决策机制,以便及时捕捉变化信号并作出相应调整。

确定评价对象是企业绩效评价工作的基础环节。无论是企业整体、特定业务单元还是项目,都应根据企业的实际情况和发展需求进行灵活选择与调整。通过全面而精准的评价对象定位,企业可以更加有效地开展绩效评价工作,推动企业的可持续发展。

四、评价指标

(一)评价指标的选择依据

评价指标的选择是构建绩效评价体系的核心环节,其依据主要源于企业战略目标的导向、行业特性的考量以及利益相关者的期望与诉求。首先,企业战略目标是评价指标选择的根本出发点,评价指标应紧密围绕企业战略展开,确保评价能够引导企业资源向关键领域倾斜,推动企业战略目标的实现。其次,行业特性也是不可忽视的重要因素,不同行业在运营模式、盈利模式、风险点等方面存在差异,因此评价指标需具备行业针对性,能够准确反映企业在行业中的竞争力和市场地位。最后,利益相关者的期望与诉求同样重要,包括股东、员工、客户、政府、社会等各方,他们的利益诉求应纳入评价指标体系中,以确保企业的绩效评价能够全面、客观地反映其对社会的贡献和价值。

(二)评价指标的分类

为了构建清晰、有序的绩效评价体系,评价指标通常被划分为多个类别。常见的分类方法包括财务类指标与非财务类指标、定量指标与定性指标、结果性指标与过程性指标等。财务类指标主要关注企业的经济绩效,如营业收入、净利润、成本控制等;非财务类指标则涵盖社会责任、环境保护、企业文化等多个方面,以全面反映企业的综合绩效。定量指标通过具体的数据和比例来衡量企业表现,具有客观性和可比性;而定性指标则通过描述和分析来评价企业的某些特质和优势,如品牌影响力、创新能力等。结果性指标直接反映企业活动的最终成果,如市场份额、客户满意度等;过程性指标则关注企业实现目标过程中的行为和努力,如研发投入、员工培训等。

(三)权重分配方法

权重分配是绩效评价体系中的关键环节,它决定了不同评价指标在整体评价中的重要性和影响力。权重分配方法应基于企业战略目标、行业特点、评价指标的重要性和相关性等多个因素进行综合考虑。常用的权重分配方法包括主观赋权法和客观赋权法两大类。主观赋权法主要依赖专家经验和主观判断来确定权重,如德尔菲法、层次分析法等;客观赋权法则依据评价指标的实际数据和信息,通过数学模型或统计分析方法自动计算权重,如熵权法、主成分分析法等。在实际应用中,企业可根据自身情况和需求选择合适的权重分配方法,并确保权重的分配能够客观、公正地反映评价指标的重要性和作用。

评价指标的选择依据、分类和权重分配方法是构建绩效评价体系的重要组成部分。企业应根据自身实际情况和发展需求,科学合理地选择和分配评价指标,以构建一个全面、客观、有效的绩效评价体系,为企业的长期可持续发展提供有力支持。

五、评价周期

（一）评价周期的选择依据

确定绩效评价的周期是确保评价工作及时性与有效性的关键环节。评价周期的选择应基于企业特性、行业特点、发展目标及外部环境等多重因素综合考虑。年度评价周期因其能够全面反映企业一整年的运营状况和发展成果，成为多数企业的首选。然而，在快速变化的市场环境中，季度评价周期甚至更短周期的评价也可能成为必要，以便企业能够及时调整策略、应对市场变化。对于特定项目或业务单元，项目周期评价则更为贴切，能够精准评估项目执行效率与成果。

（二）年度评价的全面性与战略性

年度评价以其全面性和战略性著称。在这一周期内，企业可以对全年的财务表现、市场地位、社会责任履行及环境保护成效进行全面回顾与总结。通过年度评价，企业能够清晰地认识到自身的优势与不足，为下一年的发展规划提供有力依据。此外，年度评价还有助于企业高层管理者从宏观角度审视企业战略实施情况，及时调整战略方向，确保企业长期目标的顺利实现。

（三）季度评价的灵活性与及时性

季度评价相较于年度评价而言，更加灵活且具有及时性。它允许企业在较短时间内对运营状况进行快速评估，及时发现并解决潜在问题。在快速变化的市场环境中，季度评价显得尤为重要。通过季度评价，企业可以更加紧密地跟踪市场动态，调整经营策略，确保在竞争中保持领先地位。此外，季度评价还有助于企业内部各部门之间的沟通与协作，共同推动企业发展目标的实现。

（四）项目周期评价的精准性与针对性

对于特定项目或业务单元而言，项目周期评价具有精准性和针对性的优势。它允许企业根据项目或业务单元的特点和需求，量身定制评价指标和方法，确保评价的准确性和有效性。在项目周期内，企业可以密切关注项目进展、资源投入、风险控制等方面的情况，及时调整项目计划，确保项目顺利完成并达到预期目标。同时，项目周期评价还有助于企业积累项目管理经验，提升项目管理水平，为未来类似项目的实施提供宝贵参考。

（五）评价周期的灵活调整与持续优化

值得注意的是，评价周期并非一成不变。随着企业内外部环境的变化以及发展目标的调整，评价周期也需要进行相应的灵活调整与持续优化。企业应建立健全的评价周期调整机制，根据实际需要和反馈结果，适时调整评价周期的长度。同时，还应不断优化评价流程和方法，提高评价工作的效率和质量，确保绩效评价工作始终与企业发展需求保持同步。通过评价周期的灵活调整与持续优化，企业可以更加精准地把握市场动态和自身发展脉搏，推动企业持续健康发展。

第三节 经济维度绩效评价指标设计

一、盈利能力指标

（一）净利润率的深度剖析

净利润率作为衡量企业盈利能力最为直观的指标之一，其计算公式为净利润占营业收入的比例。这一指标直接反映了企业在经营活动中每一元收入转化为净利润的能力，是评估企业盈利效率的关键所在。高净利润率通常意味着企业具有较强的成本控制能力和市场定价权，能够更有效地将销售收入转化为利润。同时，净利润率也是投资者评估企业投资价值的重要依据，它体现了企业的盈利稳定性和增长潜力。因此，企业在制定经营策略时，应密切关注净利润率的变化，通过优化成本结构、提升产品附加值等方式，不断提高净利润率水平。

（二）总资产报酬率的综合考量

总资产报酬率，则是从资产利用效率的角度来评价企业的盈利能力。该指标计算的是企业息税前利润与平均总资产的比率，反映了企业全部资产的总体获利能力。总资产报酬率的高低不仅取决于企业的盈利水平，还与企业资产的运营效率密切相关。高总资产报酬率意味着企业在资产管理和运营方面表现出色，能够充分利用现有资产创造更多的利润。同时，这一指标也有助于企业识别资产配置的合理性，发现潜在的资产利用效率低下的问题，并采取相应的措施加以改进。因此，企业在追求盈利的同时，也应注重提升总资产报酬率，实现资产的高效利用和价值的最大化。

（三）辅助指标的补充与完善

除了净利润率和总资产报酬率之外，企业在评价盈利能力时还应考虑一系列辅助指标，以形成更为全面和准确的评价体系。例如，毛利率可以反映企业产品或服务的初始盈利能力，是评估企业定价策略和成本控制水平的重要指标；营业利润率则进一步考虑了营业费用对利润的影响，更加贴近企业日常运营的实际情况；而净资产收益率则从企业股东的角度出发，衡量了企业利用自有资本创造利润的能力。这些辅助指标与净利润率和总资产报酬率相互补充、相互印证，共同构成了企业盈利能力的多维度评价体系。

（四）动态监测与持续优化

值得注意的是，企业的盈利能力并非一成不变，而是随着市场环境、行业趋势以及企业自身经营状况的变化而波动。因此，在设计盈利能力指标时，企业应注重指标的动态性和前瞻性，及时根据内外部环境的变化调整指标体系和评价标准。同时，企业还应建立健全的监测机制和分析体系，对盈利能力指标进行定期跟踪和深入分析，及时发现潜在的问题和风险，并采取相应的措施加以应对。通过动态监测和持续优化，企业可以不断提升自身的盈利能力，实现可持续发展。

二、运营效率指标

（一）存货周转率的核心意义

存货周转率作为企业运营效率的关键指标之一，直接反映了企业存货管理的效率与资金利用的有效性。该指标通过计算企业在一定时期内销售成本与平均存货余额的比率，来衡量存货的流动速度和变现能力。高存货周转率意味着企业能够快速将存货转化为现金或应收账款，减少资金占用成本，提高资金使用效率，进而增强企业的盈利能力和市场竞争力。同时，它也揭示了企业在供应链管理、生产计划安排及市场需求预测等方面的综合能力。

（二）应收账款周转率的财务影响

应收账款周转率则是另一个衡量企业运营效率的重要指标，它关注于企业应收账款的回收速度和效率。通过计算企业在一定时期内赊销收入净额与平均应收账款余额的比率，应收账款周转率能够揭示企业收款政策的合理性和客户信用的管理水平。较高的应收账款周转率表明企业能够迅速回收资金，减少坏账损失的风险，维持健康的现金流状况。这对于企业的资金循环、再投资能力和偿债能力都至关重要。同时，它也促使企业加强对应收账款的监控和管理，优化客户信用政策，提升整体运营质量。

（三）运营效率指标的综合考量

在构建衡量企业运营效率的评价指标体系时，除了存货周转率和应收账款周转率之外，还应综合考虑其他相关指标，以形成全面、系统的评价视角。例如，总资产周转率反映了企业全部资产的使用效率；流动资产周转率则关注于企业流动资产（包括现金、存货、应收账款等）的周转速度；而营业周期则通过计算存货周转天数与应收账款周转天数之和，衡量了从原材料采购到最终收回现金的整个经营过程所需的时间。这些指标相互补充，共同构成了评价企业运营效率的重要维度。

（四）运营效率提升的策略建议

针对运营效率的提升，企业可以采取一系列策略措施。首先，优化库存管理策略，通过精准预测市场需求、合理控制库存规模、提高库存周转率等方式，降低存货成本，提升资金利用效率。其次，加强应收账款管理，建立健全的信用评估体系，制定合理的信用政策，加强催收力度，确保应收账款及时回收。同时，加强内部管理，提高生产效率和流程协同性，缩短营业周期，提升整体运营效率。此外，企业还可以借助信息技术手段，如ERP系统、供应链管理系统等，实现业务流程的自动化和智能化，进一步提升运营效率和管理水平。

三、成长能力指标

（一）营收增长显活力

营业收入增长率是衡量企业成长性的核心指标之一。它反映了企业销售收入的扩张速度和市场份额的变动趋势。高增长的营业收入不仅意味着企业产品或服务的市场需求旺盛，还体现了企业市场竞争力的增强和运营效率的提升。通过持续跟踪营业收入增长率，企业可以评估其市场地位的变化，为未来的战略规划提供重要参考。

（二）市场份额扩张力

市场份额增长率是评估企业成长潜力的另一重要维度。它直接反映了企业在特定市场中的竞争地位和扩张能力。随着市场份额的增长，企业不仅能够获得更多的销售收入和利润，还能增强对供应链、渠道和客户的控制力，进一步巩固和扩大其市场优势。因此，企业应密切关注市场份额的变化情况，通过创新产品、优化服务、加强营销等手段不断提升市场份额增长率。

（三）研发投入促创新

研发投入是企业持续成长的重要驱动力。通过加大研发投入，企业可以不断推出新产品、新技术和新服务，满足市场不断变化的需求，保持竞争优势。同时，研发投入还能促进企业内部的技术创新和管理创新，提升企业的整体运营效率和市场响应速度。因此，研发投入占比及其增长情况也是评估企业成长潜力的重要指标之一。

（四）人才储备强根基

人才是企业最宝贵的资源之一。拥有高素质、专业化的人才队伍是企业持续成长的重要保障。通过加强人才储备和培养，企业可以不断提升自身的创新能力和核心竞争力，为未来的发展奠定坚实基础。因此，在评估企业成长潜力时，应重点关注企业的人才结构和人才流动情况，以及企业在人才培养和引进方面的投入和成效。

四、财务稳健性指标

（一）资产负债率的平衡艺术

资产负债率，作为衡量企业财务稳健性的核心指标之一，其重要性不言而喻。它揭示了企业总资产中有多大比例是通过负债筹集的，直接反映了企业的债务负担水平和偿债能力。适度的资产负债率意味着企业能够合理利用财务杠杆，以较小的自有资金驱动更大的业务规模，实现资源的最优配置。然而，过高的资产负债率则可能暗示企业面临着较大的偿债压力，一旦市场环境恶化或资金链断裂，将可能引发财务危机。因此，企业在追求发展的同时,必须谨慎把握资产负债率的"度",通过优化资本结构、加强现金流管理等措施,确保财务稳健性。

(二)流动比率的流动性保障

流动比率,作为评估企业短期偿债能力的关键指标,其重要性同样不容忽视。该指标通过比较企业的流动资产与流动负债,来衡量企业应对短期债务支付的能力。较高的流动比率意味着企业拥有充足的流动资产来覆盖其短期债务,从而保障了企业的流动性安全。这对于企业应对突发事件、把握市场机遇具有重要意义。然而,过高的流动比率也可能表明企业资金运用效率不高,存在资金闲置的问题。因此,企业在保持流动比率合理水平的同时,还应注重提高资金的使用效率,实现资金的良性循环。

(三)速动比率的即时反应能力

在进一步细化流动资产管理方面,速动比率作为流动比率的补充,更加侧重于评估企业快速变现资产以应对短期债务的能力。速动资产通常指剔除了存货等变现能力相对较慢的流动资产后的余额。速动比率的高低直接反映了企业在紧急情况下迅速筹集资金以偿还债务的能力。高速动比率表明企业具有较强的即时反应能力,能够在短期内有效应对资金短缺的问题。然而,企业也应注意避免过度追求高速动比率而牺牲资金的使用效率和盈利能力。

(四)综合评估与持续监控

财务稳健性的评价并非单一指标所能涵盖,而是需要综合考虑多个方面的因素。除了资产负债率、流动比率和速动比率等核心指标外,企业还应关注其他如利息保障倍数、经营现金流与负债比率等辅助指标,以形成更为全面和准确的评价体系。同时,企业应建立健全的财务监控机制,对各项财务稳健性指标进行定期跟踪和深入分析,及时发现潜在的风险和问题,并采取相应的措施加以应对。通过综合评估与持续监控,企业可以不断提升自身的财务稳健性水平,为企业的可持续发展奠定坚实的基础。

五、经济价值创造指标

（一）经济增加值的核心概念

经济增加值（Economic Value Added，EVA）是衡量企业为股东创造的经济价值的重要指标，它超越了传统的会计利润概念，考虑了资本成本的影响。EVA通过计算企业税后净营业利润与资本成本之间的差额，来衡量企业真正为股东增加的价值。这一指标强调了资本的有效利用和回报，促使企业管理层在决策时更加注重资本效率和长期价值创造，而非仅仅追求短期会计利润。

（二）EVA在价值评估中的优势

相较于其他财务指标，EVA在评估企业经济价值方面具有显著优势。首先，它考虑了资本成本，使得评估结果更加真实反映企业的经济绩效。其次，EVA鼓励企业关注长期价值创造，避免了短视行为，如过度投资、盲目扩张等。此外，EVA还促进了企业内部资源的优化配置，鼓励管理层将资源投向回报率高的项目，提高整体运营效率。最后，EVA的引入有助于建立更加科学的激励机制，将管理层奖金与EVA挂钩，使管理层利益与股东利益趋于一致，减少道德风险和逆向选择。

（三）经济价值创造的多元化视角

在评估企业为股东和其他利益相关者创造的经济价值时，除了EVA这一核心指标外，还需考虑其他多元化视角。例如，市场增加值（MVA）衡量了企业市场价值与投入资本之间的差额，反映了市场对企业未来盈利能力和成长潜力的预期。此外，股东总回报（TSR）也是一个重要指标，它考虑了股价变动和股息分配对股东的影响，综合反映了股东投资的总体回报。这些指标共同构成了评估企业经济价值创造的多元化体系，有助于全面、客观地评价企业的绩效和价值。

(四)提升经济价值创造的策略

为了提升企业为股东和其他利益相关者创造的经济价值,企业可以采取以下策略:首先,优化资本结构,降低资本成本,提高资本利用效率。通过合理配置债务和股权融资比例,选择成本较低的融资方式,减少不必要的资本占用,使资本更好地服务于企业价值创造。其次,加强内部管理,提高运营效率,降低成本费用。通过精细化管理、流程优化、技术创新等手段,提升企业整体运营效率,降低运营成本,增加盈利空间。此外,关注市场需求变化,加强产品研发和市场开拓,提升产品竞争力和市场份额,也是提升企业经济价值的重要途径。最后,建立健全的激励机制和企业文化,激发员工积极性和创造力,促进企业持续、健康、快速发展。

第四节 社会维度绩效评价指标设计

一、员工满意度与福利

(一)满意度调查的深度解析

员工满意度调查是衡量企业内部环境和谐度与员工心理状态的直接工具。它不仅关乎员工对当前工作环境、工作内容、职业发展、管理沟通等方面的主观感受,还直接映射出企业文化氛围及管理层决策的有效性。设计全面而细致的满意度调查问卷,应涵盖工作满意度、薪酬公平性、团队合作氛围、职业发展机会等多个维度,确保收集到的信息全面且具有代表性。通过定期实施满意度调查,企业能够及时发现并解决员工关切的问题,提升员工归属感与忠诚度,为企业的稳定发展奠定坚实基础。

(二)福利计划的广度覆盖

员工福利计划是企业吸引人才、留住人才的重要手段之一。其覆盖范围之广，从基础的社会保险、住房公积金到丰富的员工关怀项目，如健康体检、带薪休假、员工培训与发展、家庭关怀计划等，无一不体现出企业对员工全面发展的重视。一个完善的福利计划不仅能够满足员工的物质需求，更能满足其精神层面的追求，如尊重、认可与归属感。因此，在设计福利计划时，企业应充分考虑员工的需求与期望，确保福利项目的多样性与针对性，以最大限度地提升员工的满意度与幸福感。

（三）个性化福利的精准匹配

随着员工需求的日益多元化与个性化，传统的"一刀切"式福利计划已难以满足所有员工的需求。因此，企业需探索并实施个性化福利方案，通过数据分析与调研，精准把握不同员工群体的需求差异，提供定制化的福利选择。例如，为年轻员工提供更多学习与成长的机会，为家庭负担较重的员工提供灵活的工作安排与家庭支持计划等。这种精准匹配的福利策略不仅能够提高员工的满意度与忠诚度，还能增强企业的市场竞争力与品牌形象。

（四）持续优化的福利体系

员工福利体系的建立并非一蹴而就，而是一个需要持续优化与完善的过程。企业应建立有效的反馈机制，定期收集员工对于福利计划的意见与建议，并根据实际情况进行调整与优化。同时，随着外部环境的变化与企业战略目标的调整，福利体系也应随之进行相应的调整与升级。例如，在市场竞争加剧时，企业可能需要增加激励性福利以激发员工的积极性与创造力；在经济下行期，企业则需更加注重成本控制与福利的实用性与性价比。通过持续优化福利体系，企业能够确保其在不同发展阶段均能保持对员工的吸引力与凝聚力。

二、社会贡献与影响力

（一）社区服务项目深度与广度

企业社会贡献的显著标志之一在于其深入社区、服务民生的广度与深度。这不仅仅体现在服务项目数量的增长上，更在于服务内容的多样性和针对性。企业通过开展教育支持、环境保护、健康促进、扶贫济困等多领域的社区服务项目，不仅解决了社区居民的实际需求，还促进了社区整体的可持续发展。例如，在教育领域，企业不仅资助学校硬件设施建设，还设立奖学金、开展职业技能培训，为青少年提供更广阔的成长平台；在环境保护方面，则通过植树造林、垃圾分类宣传、绿色出行倡议等活动，引导社区居民共同参与环境保护，形成良好的生态意识。这些深入人心的服务项目，不仅提升了企业的社会形象，也增强了社区的凝聚力和向心力。

（二）慈善捐赠的精准与长效

慈善捐赠作为衡量企业社会贡献的重要指标，其价值和意义在于捐赠的精准性和长效性。精准捐赠意味着企业能够精准识别社会痛点，将资金和资源投向最需要的地方，如贫困地区的教育、医疗、基础设施建设等，确保每一分捐赠都能发挥最大的社会效益。同时，企业还注重捐赠的长效性，通过设立基金会、开展长期合作项目等方式，确保捐赠项目能够持续运行，为受助对象带来长期稳定的支持。此外，企业还鼓励员工参与志愿服务，将爱心传递至每一个角落，形成"人人参与、人人尽力、人人享有"的良好社会氛围。

（三）促进就业与产业升级

企业的社会贡献还体现在其对就业市场的积极影响和对产业升级的推动作用上。通过扩大生产规模、优化产业结构、引入先进技术和管理模式，企业不仅能够创造更多的就业机会，吸纳社会劳动力，还能提升员工的职业技能和收入水平，实现个人价值与企业发展的双赢。同时，企业在技术创新和产业升级方面的努力，也推动了整个行业的进步和发展，为社会经济的持续增长注入了新的动力。这种正向循环不仅增强了企业的市场竞争力，也为企业赢得了更多的社会认可和尊重。

（四）环境保护与社会责任

在环境保护日益成为全球共识的今天，企业的环境保护行动成为了衡量其社会贡献的重要标尺。企业积极践行绿色发展理念，通过节能减排、清洁生产、循环经济等措施，减少对环境的影响和破坏。同时，企业还加强环境管理体系建设，提高环境管理水平，确保生产经营活动符合国家和地方的环保法规要求。此外，企业还积极参与生态修复、生物多样性保护等公益活动，为保护地球家园贡献自己的力量。这种对环境保护的坚定承诺和实际行动，不仅展现了企业的社会责任感和担当精神，也为构建人与自然和谐共生的美好未来奠定了坚实基础。

三、客户关系与满意度

（一）客户满意度调查的全面性

客户满意度调查是评估客户关系与满意度的基石，它通过直接收集客户对于企业产品或服务的反馈，量化客户对于企业的整体满意程度。这一调查应覆盖多个维度，包括但不限于产品质量、服务质量、价格合理性、交付速度、售后服务等，以确保全面反映客户的真实感受。通过设计科学合理的问卷，采用线上或线下等多种方式收集数据，企业能够获取宝贵的客户意见和建议，为后续改进提供有力支持。

（二）客户忠诚度的深度剖析

客户忠诚度是衡量客户关系质量的重要指标，它反映了客户对企业产品或服务的持续信任和依赖程度。客户忠诚度不仅体现在重复购买行为上，更在于客户愿意为企业进行口碑传播、推荐新客户等积极行为。为了评估客户忠诚度，企业可以关注客户的复购率、推荐意愿、品牌偏好等关键指标。同时，深入分析客户忠诚度的形成机制，如产品质量、服务体验、品牌形象、客户关系管理等因素对客户忠诚度的影响，有助于企业制订更加精准的市场策略和客户关系管理方案。

（三）客户反馈机制的建立与优化

为了持续提升客户关系与满意度，企业需要建立健全的客户反馈机制。这包括设立专门的客户服务部门或团队，负责收集、整理和分析客户反馈；建立快速响应机制，确保客户问题能够得到及时有效的解决；以及定期组织客户满意度调查和客户座谈会等活动，加强与客户的沟通和互动。通过不断优化客户反馈机制，企业能够更加准确地把握客户需求和市场变化，及时调整产品和服务策略，提升客户满意度和忠诚度。

（四）客户关系管理与个性化服务

在评估客户关系与满意度的过程中，企业还应注重客户关系管理和个性化服务的实施。客户关系管理（CRM）系统能够帮助企业集中管理客户信息、跟踪客户行为、分析客户价值，为企业制订个性化的营销策略和服务方案提供有力支持。通过深入了解客户需求和偏好，企业可以为客户提供更加精准、贴心的产品和服务，增强客户体验和满意度。同时，个性化服务也有助于提升客户的品牌忠诚度，为企业创造更大的商业价值。因此，企业应加大在 CRM 系统和个性化服务方面的投入和力度，不断优化客户关系管理和服务流程，提升客户关系与满意度的整体水平。

四、供应链社会责任

（一）供应商社会责任的严格把关

在全球化经济背景下，企业供应链的延伸使得对供应商社会责任的考察变得尤为重要。企业需建立一套完善的供应商社会责任审核体系，从源头确保供应链的可持续性和社会责任感。这包括对供应商的生产条件、劳工权益保护、环境保护措施、商业道德等多个方面进行详细审查。通过定期或不定期的现场审核、问卷调查、第三方评估等手段，全面了解供应商的社会责任表现，并对发现的问题提出整改要求，督促其改进。同时，企业还应建立供应商社会责任评级制度，对表现优异的供应商给予激励，对表现不佳的供应商采取相应措施，直至终止合作，以此推动整个供应链向更加负责任的方向发展。

（二）客户环保要求的积极响应

随着全球环保意识的增强，客户对产品的环保要求也日益提高。企业需密切关注市场趋势，积极响应客户的环保需求，将环保理念融入供应链管理的全过程。这要求企业在选择供应商时，优先考虑那些具备环保资质、采用环保材料、进行绿色生产的供应商。同时，企业还需与客户保持紧密沟通，及时了解客户的环保要求和期望，通过技术创新和流程优化，不断提升产品的环保性能，确保产品能够满足甚至超越客户的环保标准。此外，企业还应主动向客户展示其在供应链环保方面的努力和成果，增强客户对企业的信任感和忠诚度。

（三）供应链透明度与可追溯性的提升

提升供应链的透明度和可追溯性是确保供应链社会责任得到有效落实的重要手段。企业应建立完善的供应链信息管理系统，实现对供应链各环节的实时监控和数据分析。通过数字化、智能化手段，企业可以更加清晰地了解供应链上下游企业的运营情况和社会责任表现，及时发现并解决潜在问题。同时，企业还应加强供应链的信息披露和沟通机制，定期向公众、投资者、客户等利益相关方发布供应链社会责任报告，展示企业在供应链社会责任方面的努力和成效。此外，通过引入区块链等先进技术，企业还可以实现供应链信息的全程可追溯，确保产品从原材料采购到生产、加工、销售等各个环节的透明度和可信度。

（四）供应链社会责任的共建共享

供应链社会责任的落实不是单靠某一企业就能完成的，需要整个供应链上的所有企业共同努力、共建共享。企业应积极倡导并推动供应链社会责任的普及和深化，通过组织培训、交流研讨、经验分享等方式，提升供应链上下游企业的社会责任意识和能力。同时，企业还应加强与行业协会、非政府组织、政府部门等外部机构的合作与沟通，共同推动供应链社会责任标准和规范的制定与实施。通过构建供应链社会责任的共建共享机制，企业可以汇聚更多力量和资源，共同推动供应链的可持续发展和社会责任的全面落实。

五、品牌声誉与公众形象

（一）品牌知名度的构建与提升

品牌知名度是衡量企业在公众心目中地位的重要标尺。企业通过持续的市场推广、产品创新以及优质的客户服务，不断加深消费者对品牌的认知和记忆。在这个过程中，企业注重品牌故事的讲述，将品牌理念、价值观与消费者情感相连接，形成独特的品牌魅力。同时，利用多种媒体渠道进行广泛传播，包括传统媒体如电视、广播、报纸，以及新兴媒体如社交媒体、短视频平台等，全方位、多角度地展示品牌形象，提升品牌知名度。此外，企业还积极参与行业展会、论坛等活动，与业界同仁交流互鉴，进一步提升品牌在行业内的知名度和影响力。

（二）媒体正面报道的积累与强化

媒体正面报道率是衡量企业公众形象的重要指标之一。企业深知媒体在塑造公众认知中的重要作用，因此始终秉持诚信经营、合法合规的原则，积极履行社会责任，努力赢得媒体和公众的认可。企业注重与媒体建立良好的沟通机制，及时、准确地向媒体传递企业信息，展现企业成就和社会贡献。同时，企业也注重危机公关的处理，当遇到负面事件时，能够迅速响应、积极应对，有效化解危机，避免对品牌形象造成损害。通过长期的努力，企业逐渐积累大量的媒体正面报道，能够树立良好的公众形象。

(三) 品牌美誉度的塑造与维护

品牌美誉度是企业在公众心目中形成的良好口碑和信任度。企业深知品牌美誉度对于维护客户忠诚度和吸引新客户的重要性，因此始终将提供高质量的产品和服务放在首位。企业注重产品研发和创新，不断提升产品性能和用户体验；同时，加强售后服务体系建设，确保消费者在使用过程中能够得到及时、专业的帮助和支持。此外，企业还积极参与公益事业，履行社会责任，展现企业的担当和爱心。这些举措不仅提升了品牌的美誉度，也增强了消费者对品牌的认同感和归属感。

（四）公众互动与品牌形象塑造

在数字化时代，公众互动成为塑造品牌形象的重要途径。企业充分利用社交媒体等数字平台，与消费者进行直接、频繁的互动。通过发布有趣、有价值的内容吸引用户关注；通过回复评论、私信等方式及时解决用户问题；通过举办线上活动、直播等形式增强用户参与感和黏性。这种高效的公众互动不仅拉近了企业与消费者之间的距离，也提升了品牌在公众心目中的亲和力和活跃度。同时，企业还注重倾听消费者的声音和建议，不断优化产品和服务以满足消费者需求，从而进一步巩固和提升品牌形象。

第五节　环境维度绩效评价指标设计

一、资源利用效率

（一）单位产值能耗的衡量意义

单位产值能耗作为衡量企业资源利用效率的关键指标之一，直接反映了企业在生产过程中能源消耗的相对效率。它通过将企业总能耗除以总产值计算得出，能够清晰地揭示出每单位产出所消耗的能源量。这一指标的高低，不仅关乎企业的生产成本和经济效益，更是衡量企业绿色可持续发展能力的重要标尺。降低单位产值能耗，意味着企业在保持或提升产量的同时，能够更有效地利用能源，减少浪费，从而减轻对环境的压力，实现经济效益与环境效益的双赢。

（二）水资源循环利用率的环保价值

水资源循环利用率是体现企业资源利用效率的另一个重要指标，特别是在水资源日益紧张的背景下，其重要性愈发凸显。该指标通过计算企业循环利用的水量占其总用水量的比例来评估企业对水资源的节约和再利用能力。高水资源循环利用率不仅有助于降低企业的水费支出，减轻对外部水资源的依赖，更重要的是，它体现了企业对环境保护的责任感和行动力。通过采用先进的节水技术和设备，优化生产流程，企业能够最大限度地减少废水排放，提高水资源的重复利用率，为保护水资源和生态环境贡献力量。

（三）资源利用效率提升的路径探索

为了进一步提升企业的资源利用效率，企业需要从多个方面入手。首先，加强技术创新和研发投入，引进和应用先进的节能降耗技术和设备，提高生产过程的自动化、智能化水平，减少能源和原材料的消耗。其次，优化生产流程和产品设计，通过精益生产、绿色设计等理念的应用，减少生产过程中的浪费和污染，提升产品的资源利用效率。此外，加强员工培训和意识提升，使员工充分认识到资源节约和环境保护的重要性，将节能减排的理念融入到日常工作中。最后，建立健全的资源管理制度和考核体系，将资源利用效率作为企业绩效考核的重要指标之一，激励员工和管理层积极采取措施提升资源利用效率。

（四）资源利用效率与企业可持续发展的关系

资源利用效率的高低直接关系到企业的可持续发展能力。在资源日益紧张、环境压力不断加大的今天，企业只有不断提高资源利用效率，才能在激烈的市场竞争中立于不败之地。通过降低单位产值能耗、提高水资源循环利用率等措施的实施，企业不仅能够降低生产成本、提高经济效益，还能够减少对环境的影响和破坏，赢得公众的认可和尊重。因此，企业应将提升资源利用效率作为实现可持续发展的重要途径之一，不断加强技术创新和管理创新，推动企业向更加绿色、低碳、高效的方向发展。

二、污染控制与治理

（一）废水处理达标率的精准监测

废水处理达标率是衡量企业污染控制成效的关键指标之一，它直接反映了企业对水资源保护的责任与担当。企业须建立完善的废水处理系统，采用先进的处理技术和设备，确保废水在排放前达到规定的排放标准。为实现这一目标，企业应实施严格的废水处理流程管理，包括废水收集、预处理、深度处理及最终排放等各个环节。同时，企业应建立在线监测系统，对废水处理过程中的关键参数进行实时监控，确保废水处理效果稳定可靠。此外，企业还应定期委托第三方检测机构对废水排放进行抽检，以验证废水处理达标率的真实性，并据此不断优化废水处理工艺和管理措施。

（二）废气排放减少量的量化评估

废气排放减少量是评估企业环境治理效果的重要指标，它体现了企业在减少大气污染方面的努力与成果。企业需通过技术改造、能源结构优化、生产过程控制等手段，有效降低废气排放量。具体而言，企业可采用清洁能源替代传统化石燃料，减少燃烧过程中产生的废气；优化生产工艺流程，治理废气产生的源头；安装高效除尘、脱硫、脱硝等废气处理设施，对产生的废气进行净化处理。为准确评估废气排放减少量，企业应建立完善的废气排放监测体系，对废气排放口进行定期监测，并记录相关数据。同时，企业还应根据监测结果，分析废气排放减少的原因和效果，为后续的治理工作提供科学依据。

（三）污染控制与治理技术的持续创新

污染控制与治理技术的持续创新是企业实现绿色发展的不竭动力。企业应加大研发投入，积极探索和应用新技术、新工艺、新材料，提高污染控制与治理的效率和效果。例如，企业可研发高效低耗的废水处理技术和废气净化技术，降低处理成本；利用生物技术、膜技术等先进手段，实现污染物的资源化利用；引入智能化、自动化控制系统，提高污染控制与治理的精准度和自动化水平。通过技术创新，企业不仅能够更好地履行环保责任，还能提升自身的核心竞争力和市场地位。

（四）环保管理体系的建立健全

建立健全的环保管理体系是企业实现污染控制与治理目标的重要保障。企业应依据相关法律法规和标准要求，结合自身实际情况，制定完善的环保管理制度和操作规程。这些制度应涵盖环保目标设定、污染源识别与管理、污染治理设施运行与维护、环保监测与评估、环保培训与宣传等多个方面。同时，企业还应建立环保责任制和考核机制，明确各级管理人员和员工的环保职责和任务，将环保工作纳入企业绩效考核体系之中。通过建立健全的环保管理体系，企业能够形成上下联动、全员参与的环保工作氛围，确保污染控制与治理工作得到有效落实。

三、绿色生产与技术创新

（一）绿色产品策略与市场布局

在当今环保意识日益增强的社会背景下，企业绿色产品的开发与推广成为衡量其绿色生产能力的重要指标。企业积极调整产品结构，加大绿色产品的研发力度，通过采用环保材料、节能设计等手段，提升绿色产品的占比。这些绿色产品不仅在生产过程中减少了对环境的污染，还在使用过程中降低了能耗和排放，满足了消费者对健康、环保生活的追求。同时，企业还通过精准的市场定位和营销策略，将绿色产品推向市场，赢得了消费者的青睐和认可，进一步巩固了企业的市场地位。

（二）环保技术研发与创新能力

环保技术的研发与应用是企业实现绿色生产的关键。企业高度重视环保技术的研发投入，建立专门的研发团队，致力于开发高效、低耗、低排放的生产工艺和技术。通过不断地技术创新和优化，企业不仅提升了生产效率，还显著降低了生产过程中的资源消耗和污染物排放。此外，企业还积极引进和消化吸收国内外先进的环保技术，不断提升自身的技术水平和创新能力。这种持续的技术投入和创新精神，为企业绿色生产提供了强有力的技术支撑和保障。

（三）节能减排与资源循环利用

节能减排和资源循环利用是企业绿色生产的重要体现。企业可以通过优化生产流程、改进设备性能、加强能源管理等方式，实现能源的节约和高效利用。同时，企业还应注重废弃物的处理和回收利用，通过建设废弃物处理设施、开展资源回收项目等方式，将废弃物转化为可再利用的资源，实现资源的循环利用，减少对环境的压力。这些举措不仅可以提升企业的经济效益，也可为企业赢得良好的社会声誉和形象。

（四）绿色供应链管理与合作伙伴选择

绿色供应链管理是企业实现绿色生产的重要环节。企业注重与供应商建立长期稳定的合作关系，共同推动绿色供应链的建设和发展。在选择合作伙伴时，企业优先考虑那些具有环保意识、能够提供绿色产品和服务的供应商。同时，企业还加强对供应链各环节的监督和管理，确保整个供应链符合环保要求。通过绿色供应链管理，企业不仅降低了自身的环境风险，还带动了整个产业链的绿色发展，形成了良好的绿色生态循环。这种以绿色为导向的供应链管理模式，不仅提升了企业的竞争力，也为企业的可持续发展奠定了坚实基础。

四、生态影响与恢复

（一）生态修复项目的广度与深度

企业在评估其对生态环境的影响时，生态修复项目的实施与成效是不可或缺的一环。这些项目不仅旨在弥补过往经济活动对自然环境的破坏，更着眼于未来的可持续发展。企业应制订全面而具体的生态修复计划，在项目实施过程中，需注重科学规划与技术创新，采用植被恢复、土壤改良等多种手段，确保修复效果的自然性与持久性。同时，企业应关注生态修复项目的广度即修复区域的面积与范围，以及深度即修复措施对生态系统结构与功能的恢复程度。通过定期监测与评估，企业可以及时调整修复策略，确保生态修复项目达到预期目标。

（二）生物多样性保护的成效展现

生物多样性是地球生命体系的重要组成部分，也是衡量生态环境质量的重要指标之一。企业在生产经营活动中，应高度重视对生物多样性的保护。这包括保护珍稀濒危物种及其栖息地、维护生态系统的多样性与稳定性等方面。企业应关注生物多样性保护的成效，如物种数量的增加、栖息地质量的提升、生态系统服务功能的恢复等。这些成效的展现不仅是对企业环保努力的肯定，也是对未来可持续发展的重要保障。

（三）环境影响评估的严谨性

环境影响评估是企业预测、分析和评价其生产经营活动对生态环境可能产生影响的重要手段。企业应建立科学严谨的环境影响评估体系，确保评估过程的公正性、客观性和全面性。在评估过程中，企业需充分考虑项目的性质、规模、地点以及可能产生的环境影响因子，采用定量与定性相结合的方法进行分析预测。同时，企业还应关注环境影响评估的时效性，即在项目决策前完成评估工作，为项目选址、设计、施工等后续环节提供科学依据。通过严谨的环境影响评估，企业可以更好地了解自身活动对生态环境的影响程度，从而采取更加有效的措施来减轻或避免这种影响。

（四）环保教育与社区参与的强化

环保教育与社区参与是企业实现生态环境保护与恢复目标的重要途径。企业应积极开展环保教育活动，提高员工和社会公众的环保意识和参与度。通过举办环保讲座、展览、宣传活动等形式，向员工和社会公众普及环保知识，倡导绿色生活方式。同时，企业还应加强与周边社区的沟通与合作，鼓励社区居民参与到生态环境保护与恢复工作中来。通过共同开展植树造林、清洁河流、生态修复等公益活动，企业可以形成与社区共建共享的良好局面，推动生态环境的持续改善与恢复。

第三章　财务绩效评价指标体系构建

第一节　盈利能力评价指标

一、净利润率

（一）净利润率的定义与重要性

净利润率作为企业财务管理中的核心指标之一，直观展现了企业盈利能力的高低。它通过将净利润（即企业在一定会计期间内经营活动的最终财务成果，扣除所有成本和税费后的剩余收益）与营业收入（企业从事主营业务活动所获得的收入总额）相比较，得出每单位收入转化为净利润的比例。这一比率不仅反映了企业成本控制、经营效率及市场定价策略的有效性，还是衡量企业盈利质量和可持续发展能力的重要指标。

（二）净利润率的行业差异与对比分析

不同行业因其业务特性、市场结构、竞争格局等因素的差异，往往呈现出不同的净利润率水平。例如，高科技行业由于其高附加值的产品和服务，往往能够实现较高的净利润率；而传统制造业或零售业则可能因激烈的市场竞争、低利润率的产品销售而面临较低的净利润率挑战。因此，在评估企业净利润率时，需结合行业平均水平进行横向对比，以更准确地判断企业的盈利能力在行业中所处的位置。

（三）净利润率的影响因素剖析

净利润率的变动受多种因素影响，包括但不限于成本控制能力、产品定价策略、市场份额、运营效率、税收政策以及宏观经济环境等。成本控制方面，企业若能通过技术创新、管理优化等手段有效降低生产成本和期间费用，将直接提升净利润率；产品定价策略则涉及市场定位、消费者需求及竞争对手价格等多方考量，合理的定价策略有助于企业在保证销量的同时实现利润最大化；运营效率的提升，如加快资金周转速度、减少库存积压等，也能间接提升净利润率。此外，税收政策的变动和宏观经济环境的变化也会对企业的净利润率产生一定影响。

（四）净利润率的提升策略与展望

为了提升净利润率，企业需采取一系列有效措施。首先，加强成本管理，通过精细化管理、供应链优化等方式降低生产成本和运营成本；其次，优化产品结构和市场布局，针对目标客户群体开发高附加值产品，提升市场定价能力；同时，注重技术创新和品牌建设，提升产品竞争力和品牌影响力；此外，加强内部管理和团队建设，提高运营效率和管理水平；最后，密切关注宏观经济形势和政策变化，灵活调整经营策略以应对市场风险。展望未来，随着市场竞争的加剧和消费者需求的不断变化，企业需不断创新和转型升级，才能在激烈的市场竞争中保持较高的净利润率并实现可持续发展。

二、总资产报酬率

（一）总资产报酬率的定义与核心意义

总资产报酬率作为衡量企业资产总体获利能力的关键指标，其计算基础是净利润与总资产平均余额之比。这一比率直观地反映了企业利用全部资产进行经营活动所获取的收益水平,是衡量企业资产运营效率与盈利能力的综合体现。高总资产报酬率意味着企业能够以较少的资产投入获得较高的利润回报,反映出企业良好的资产管理和经营效率。

(二)总资产报酬率与企业绩效的关联

总资产报酬率不仅是投资者评估企业投资价值的重要依据,也是企业管理层评价自身经营成果和制定未来战略的重要参考。在竞争激烈的市场环境中,总资产报酬率的高低直接关乎企业的生存与发展。一方面,高总资金报酬率能够吸引更多的投资者和合作伙伴,为企业筹集资金、拓展市场提供有力支持;另一方面,它也促使企业管理层不断优化资产结构、提升运营效率,以实现更高的盈利目标。

(三)提升总资产报酬率的策略分析

为了提升总资产报酬率,企业需要采取一系列有效的策略措施。首先,加强资产管理,提高资产使用效率。通过优化资产配置、减少闲置资产、加速资产周转等方式,降低资产占用成本,提高资产贡献率。其次,强化成本控制,提升盈利能力。通过精细化管理、技术创新、采购优化等手段,降低生产成本和期间费用,增加企业净利润。同时,加强市场分析和产品研发,提高产品附加值和市场竞争力,以扩大销售规模、提升市场份额。此外,企业还应注重风险管理,建立健全的风险防控体系,确保企业在复杂多变的市场环境中稳健运行。

(四)总资产报酬率与可持续发展的关系

总资产报酬率不仅反映了企业当前的盈利能力,也与企业的可持续发展密切相关。高总资产报酬率意味着企业拥有较强的盈利能力和市场竞争力,能够为企业的长期发展提供坚实的财务基础。同时,它也促使企业更加注重资产管理和运营效率的提升,推动企业向更加高效、绿色、可持续的方向发展。因此,企业应将提升总资产报酬率作为实现可持续发展的重要目标之一,通过不断优化资产结构、提升运营效率、加强成本控制等措施，推动企业实现经济效益与社会效益的双赢。在这个过程中，企业还需关注行业发展趋势和政策环境变化，及时调整经营策略和市场布局，以应对未来可能出现的挑战和机遇。

三、净资产收益率

（一）净资产收益率的核心意义

净资产收益率作为衡量企业盈利能力与股东投资回报的关键指标，其重要性不言而喻。它直接反映了企业利用自有资本（即股东权益）创造净利润的效率，是评估企业资本运作质量、盈利持续性和股东价值创造能力的重要标尺。高净资产收益率意味着企业能够更有效地将股东的投资转化为利润，从而增强股东信心，吸引更多资本投入，推动企业的长期稳定发展。

（二）影响净资产收益率的关键因素

要深入理解并提升净资产收益率，需把握其背后的关键影响因素。一是企业的盈利能力，即净利润的高低。这取决于企业的业务模式、市场竞争力、成本控制能力以及创新能力等多方面因素。二是股东权益平均余额，它反映了企业股东投资的规模。在净利润一定的情况下，股东权益平均余额越小，净资产收益率越高，反之则越低。然而，过小的股东权益可能意味着企业杠杆率较高，面临较大的财务风险。因此，在追求高净资产收益率的同时，企业需保持合理的资本结构。

（三）提升净资产收益率的策略

针对上述关键因素，企业可采取多种策略来提升净资产收益率。首先，优化业务结构，提升产品竞争力，通过增加销售收入、提高毛利率等方式直接提升净利润。其次，加强成本控制，减少不必要的开支，提高运营效率，以降低成本的方式间接提升净利润。同时，企业还应注重技术创新和产品研发，以创新驱动发展，开辟新的利润增长点。此外，合理的资本运作也是提升净资产收益率的重要手段。企业可通过发行新股、债券融资等方式筹集资金，扩大股东权益平均余额，为企业的扩张和发展提供有力支持。当然，在融资过程中需注意保持合理的负债水平，避免过度负债带来的财务风险。

（四）净资产收益率的局限性与展望

尽管净资产收益率是衡量股东投资回报水平的重要指标，但其也存在一定的局限性。例如，它忽略了企业的现金流量状况、资产质量以及非经常性损益等因素的影响。因此，在评估企业盈利能力时，还需结合其他财务指标和经营数据进行综合分析。展望未来，随着资本市场的不断发展和完善，投资者对企业盈利能力的评价将更加全面和多元化。企业需不断提升自身综合实力和核心竞争力，以更好地实现股东和市场的期望，实现可持续发展。同时，监管机构也应加强对企业信息披露的监管力度，提高市场透明度，为投资者提供更加真实、准确、完整的信息参考。

四、毛利率

（一）毛利率的核心意义

毛利率作为企业财务分析中的关键指标，直接反映了企业销售产品的初始获利能力。它计算的是销售收入与销售成本之间的差额占销售收入的比例，这一比例的高低不仅揭示了企业在直接生产或采购商品过程中的成本控制效率，还间接体现了企业的市场定价策略、产品竞争力以及整体盈利能力。高毛利率通常意味着企业在销售过程中能够保留更多的利润，为企业的后续发展、研发投入、市场拓展等提供了坚实的财务基础。

（二）毛利率与行业特性的关联

不同行业因其业务模式和成本结构的差异，往往展现出不同的毛利率水平。例如，高科技行业由于技术壁垒高、产品附加值大，往往能够实现较高的毛利率；而劳动密集型或原材料成本占比较大的行业，如制造业、农业等，则可能面临较低的毛利率挑战。因此，在评估企业毛利率时，必须充分考虑行业特性，进行同行业间的横向比较，以更准确地判断企业的盈利能力和市场竞争力。

（三）影响毛利率的关键因素

毛利率的变动受多种因素共同影响。首先，成本控制能力是关键。企业若能通过优化生产流程、采用先进技术、提高生产效率等方式降低销售成本，将直接提升毛利率。其次，产品结构和市场定位也至关重要。高附加值、差异化的产品往往能够吸引消费者愿意支付更高的价格，从而提升企业的毛利率。此外，市场竞争格局、供应链管理效率、原材料价格波动以及税收政策等因素也会对毛利率产生一定影响。

（四）提升毛利率的策略与路径

为了提升毛利率，企业需从多个方面入手。一是加强成本控制，通过精细化管理、技术创新等手段降低生产成本和运营成本；二是优化产品结构，提升产品附加值，增强市场竞争力；三是加强供应链管理，确保原材料供应的稳定性和成本效益；四是灵活调整市场定价策略，根据市场需求和竞争态势合理定价；五是关注政策动态，充分利用税收优惠政策。同时，企业还应注重品牌建设和市场营销，提升品牌影响力和市场份额，为毛利率的提升创造有利条件。通过这些策略的实施，企业可以不断提升自身的毛利率水平，增强盈利能力和可持续发展能力。

五、营业利润率

（一）营业利润率的深刻内涵

营业利润率作为评估企业日常经营活动盈利能力的重要指标，其计算方式为营业利润与营业收入之比。这一比率直接揭示了企业在扣除营业成本、税金及附加、销售费用、管理费用、财务费用等运营费用后，从主营业务中获取的利润占比。它不仅反映了企业成本控制的能力，也体现了企业市场策略的有效性以及产品或服务的市场竞争力。高营业利润率通常意味着企业具有较强的盈利能力，能够在激烈的市场竞争中保持稳健的财务表现。

（二）营业利润率与企业经营策略的互动

营业利润率的高低往往与企业所采取的经营策略紧密相连。企业若注重产品创新和品质提升，不断优化产品结构，提高产品附加值，往往能够吸引更多消费者，增加销售收入，从而提升营业利润率。同时，有效的成本控制策略，如优化供应链管理、提高生产效率、降低能耗等，也能显著增强企业的盈利能力。此外，合理的市场定位和营销策略也是提升营业利润率的关键因素。企业需根据市场需求变化，灵活调整定价策略和推广手段，确保产品或服务在竞争激烈的市场中占据有利位置。

（三）营业利润率提升的路径探索

为了进一步提升营业利润率，企业需要不断探索和实践多种路径。一方面，企业可以加强内部管理，提升运营效率。通过引入先进的管理理念和工具，优化生产流程，减少不必要的浪费和损耗，降低运营成本。另一方面，企业可以加大研发投入，推动产品和技术创新。通过不断推出符合市场需求的新产品，提高产品竞争力，增加销售收入。同时，企业还可以积极拓展市场，寻找新的增长点。通过多元化经营和国际化战略，开拓新的市场领域，扩大销售规模，提升整体盈利能力。

（四）营业利润率与企业可持续发展的关系

营业利润率不仅是衡量企业当前盈利能力的重要指标，更是企业实现可持续发展的重要基石。高营业利润率意味着企业拥有稳定的收入来源和强大的盈利能力，能够为企业的长期发展提供充足的资金支持。这有助于企业加大在研发、创新、市场拓展等方面的投入，不断提升自身竞争力和市场占有率。同时，高营业利润率还能增强企业的抗风险能力，使企业在面对经济波动、行业变革等挑战时能够保持稳健的发展态势。因此，企业应高度重视营业利润率的提升工作，通过不断优化经营策略和管理模式，推动企业实现可持续发展。

第二节　营运能力评价指标

一、存货周转率

（一）存货周转率的经济意义

存货周转率作为企业财务分析中的一项核心指标，其重要性在于深刻揭示了企业存货管理的效率与效果。该指标通过计算销售成本与平均存货余额之比，直观反映了企业在一定时期内存货的周转速度和变现能力。高存货周转率意味着企业存货周转快，资金占用少，能够快速响应市场需求，提高运营效率，增强企业的盈利能力和市场竞争力。反之，低存货周转率则可能表明企业存货积压严重，资金占用高，运营效率低下，增加了企业的经营风险和财务成本。

（二）影响存货周转率的因素

存货周转率的快慢受多方面因素影响。首先，市场需求的变化是直接影响存货周转率的关键因素。当市场需求旺盛时，企业产品销售顺畅，存货周转率自然提高；反之，则可能导致存货积压。其次，企业的供应链管理水平也对存货周转率产生重要影响。高效的供应链管理能够确保原材料及时供应，减少生产等待时间，同时加快成品出库速度，从而提高存货周转率。此外，企业的生产计划、销售策略、库存管理策略等内部因素同样不容忽视。合理的生产计划可以避免生产过剩，精准的销售策略能够引导市场需求，科学的库存管理策略则能有效控制存货规模，共同促进存货周转率的提升。

（三）提升存货周转率的策略

针对影响存货周转率的因素，企业可采取一系列策略来提升其存货周转率。首先，加强市场需求预测，根据市场需求变化灵活调整生产计划和销售策略，确保产品供应与市场需求相匹配。其次，优化供应链管理，建立稳定的供应商关系，提高供应链响应速度，降低库存成本和风险。同时，加强库存管理，采用先进的库存管理系统和方法，如JIT（准时制生产）、VMI（供应商管理库存）等，实现库存水平的精准控制。此外，企业还应注重产品创新和品质提升，以差异化竞争策略吸引消费者，提高产品附加值和市场竞争力，从而加快存货周转速度。

（四）存货周转率的持续优化与监控

存货周转率的提升并非一蹴而就，而是需要企业持续努力和优化。企业应建立完善的存货管理制度和监控体系，定期对存货周转率进行分析评估，及时发现并解决存在的问题。同时，加强与供应商、客户的沟通与合作，形成协同发展的良好生态，共同推动存货周转率的提升。此外，随着市场环境的变化和企业战略的调整，企业还需不断调整和优化存货管理策略，以适应新的市场需求和竞争态势。通过持续的优化与监控，企业可以确保存货周转率保持在合理水平，为企业的稳健发展奠定坚实基础。

二、应收账款周转率

（一）应收账款周转率的重要性

应收账款周转率作为企业财务管理中的关键指标，是衡量企业应收账款回收速度和管理效率的重要标尺。它直接关联企业的现金流状况、资金利用效率以及财务风险控制等多个方面。高效的应收账款周转率意味着企业能够快速回收销售款项，减少资金占用成本，增强资金的流动性和灵活性，为企业的日常运营、投资扩张提供充足的资金支持。同时，良好的应收账款管理也是企业维护客户关系、提升市场竞争力的重要手段。

（二）影响应收账款周转率的因素

应收账款周转率的快慢受多种因素制约。首先，客户信用政策是关键。企业若采用宽松的信用政策以吸引客户，虽然可能增加销售额，但也会延长应收账款的回收周期，降低周转率。其次，销售合同条款的明确性也至关重要。清晰的付款条款和结算方式有助于减少争议，加速款项回收。此外，企业内部的管理流程、财务人员的专业能力、与客户的沟通效率以及宏观经济环境等都会对应收账款周转率产生影响。

（三）优化应收账款周转率的策略

为了提升应收账款周转率，企业需采取一系列针对性措施。首先，完善客户信用评估体系，对客户进行信用评级，实行差异化的信用政策，以降低坏账风险并加速款项回收。其次，加强销售合同管理，确保合同条款清晰明确，减少因合同条款不清而产生的争议和延误。同时，优化内部管理流程，提高财务人员的专业素养和工作效率，确保应收账款的及时核对、催收和记录。此外，企业还可以利用信息技术手段，如建立应收账款管理系统，实现对应收账款的实时监控和动态管理，提高管理效率和准确性。

（四）应收账款周转率与企业整体运营的关系

应收账款周转率不仅是一个独立的财务指标，更是企业整体运营状况的重要反映。高效的应收账款周转率能够增强企业的资金流动性，为企业的生产、研发、市场拓展等提供充足的资金支持，从而推动企业的快速发展。同时，良好的应收账款管理也有助于企业维护良好的客户关系，提升客户满意度和忠诚度，进一步巩固和扩大市场份额。反之，如果应收账款周转率过低，将导致企业资金占用成本增加，现金流紧张，甚至可能引发财务风险和经营危机。因此，企业应高度重视应收账款管理，不断优化应收账款周转率，以提升企业整体运营效率和竞争力。

三、总资产周转率

（一）总资产周转率的定义与重要性

总资产周转率，作为评估企业总资产利用效率的核心指标，其计算基于营业收入与总资产平均余额之比。这一比率直观展现了企业资产从投入到产出转化为销售收入的效率，是衡量企业资产管理水平和经营效率的重要标尺。高总资产周转率意味着企业能够迅速地将资产转化为收入，显示出企业高效的运营能力和良好的资产流动性，有助于提升企业的盈利能力和市场竞争力。

（二）总资产周转率与经营策略的关系

总资产周转率的高低与企业所采取的经营策略紧密相连。采用高效的生产流程、快速响应市场需求、优化库存管理以及提高应收账款回收速度等策略，都能有效提升总资产周转率。这些策略的实施要求企业具备敏锐的市场洞察力、灵活的管理机制和高效的执行力。同时，企业还需关注行业趋势和市场变化，及时调整经营策略，以保持总资产周转率的持续优化。

（三）提升总资产周转率的策略与实践

为了提升总资产周转率，企业可以从多个方面入手。首先，优化生产流程，提高生产效率。通过引入先进的生产技术和管理模式，减少生产过程中的浪费和延误，加快产品从生产到销售的周期。其次，加强库存管理，降低库存成本。通过精准预测市场需求、优化采购计划和销售策略，减少库存积压和资金占用，提高库存周转率。此外，企业还应关注应收账款管理，加强信用评估和催收力度，缩短收款周期，提高资金使用效率。同时，加强资产管理，确保资产得到有效利用并实现保值增值。

（四）总资产周转率与企业可持续发展的关联

总资产周转率不仅是衡量企业当前经营效率的重要指标，更是企业实现可持续发展的重要保障。高总资产周转率意味着企业能够更有效地利用资产创造收入，增强企业的盈利能力和市场竞争力。这有助于企业积累更多的资金和资源，为未来的发展和扩张提供有力支持。同时，高效的资产管理也有助于企业降低财务风险和成本负担，提高企业的抗风险能力和稳健性。因此，企业应高度重视总资产周转率的提升工作，通过不断优化经营策略和管理模式，推动企业实现可持续发展。在这个过程中，企业还需注重与利益相关者的沟通和合作，共同构建和谐的商业生态环境，为企业的长远发展奠定坚实基础。

四、固定资产周转率

（一）固定资产周转率的核心价值

固定资产周转率，作为衡量企业固定资产使用效率与投资回报的关键指标，其核心价值在于揭示企业如何通过有效管理和利用固定资产来推动营业收入的增长。该指标通过计算营业收入与固定资产平均净额之比，直观反映了企业固定资产的周转速度及其对企业经营活动的贡献程度。高固定资产周转率意味着企业能够充分利用固定资产创造更多的营业收入，具有较高的资产使用效率和良好的投资效果；反之，则表明固定资产利用效率低下，可能存在闲置或浪费现象，影响企业的盈利能力和市场竞争力。

（二）影响固定资产周转率的深层因素

固定资产周转率的快慢受多种深层因素影响。首先，企业的行业特性是基础因素之一。不同行业对固定资产的依赖程度和投资规模不同，如制造业通常需要大量固定资产投资以支持生产活动，而服务业则相对较少。其次，企业的战略规划与经营策略也起着重要作用。合理的战略规划能够引导企业优化资源配置，提高固定资产使用效率；而灵活的经营策略则能帮助企业快速响应市场变化，调整生产规模和产品结构，从而提升固定资产周转率。此外，企业的管理水平和技术创新能力也是不可忽视的因素。高效的管理能够确保固定资产得到妥善维护和有效利用；而技术创新则能推动产品升级换代，提高生产效率和产品质量，进而促进固定资产周转率的提升。

（三）提升固定资产周转率的策略路径

为了提升固定资产周转率，企业可采取一系列策略路径。首先，加强固定资产的精细化管理，建立健全的固定资产管理制度和流程，确保固定资产的购置、使用、维护和处置等各个环节都得到有效控制。其次，优化固定资产的配置结构，根据企业实际需求和战略规划合理配置固定资产资源，避免盲目投资和重复建设。同时，加强固定资产的维护保养工作，延长固定资产使用寿命，提高资产使用效率。此外，企业还应注重技术创新和产业升级，通过引进新技术、新设备和新工艺等方式提高生产效率和产品质量，从而增强固定资产的盈利能力和企业的市场竞争力。

（四）固定资产周转率的持续监测与优化

固定资产周转率的提升是一个持续的过程，需要企业不断加强监测与优化工作。企业应建立完善的监测体系，定期对固定资产周转率进行监测和分析，及时发现并解决存在的问题。同时，加强与行业标杆企业的对比分析，借鉴其先进经验和做法，不断提升自身的固定资产管理水平。此外，企业还应根据市场环境和自身发展变化及时调整和优化固定资产管理策略，确保固定资产周转率始终保持在合理水平。通过持续的监测与优化工作，企业可以不断提升固定资产的使用效率和投资效果，为企业的可持续发展奠定坚实基础。

五、流动资产周转率

（一）流动资产周转率的含义

流动资产周转率，作为评估企业运营效率与财务健康的重要指标，其本质在于衡量企业流动资产（包括现金、应收账款、存货等）在经营过程中的周转速度及变现能力。这一比率通过营业收入与流动资产平均余额的比值计算得出，直接反映了企业利用流动资产创造收入的能力。高流动资产周转率意味着企业能够迅速将流动资产转化为现金或现金等价物，从而支持日常运营、偿还债务、进行再投资等财务活动，体现了企业良好的运营效率和财务灵活性。

（二）影响流动资产周转率的关键因素

流动资产周转率的快慢受多种因素共同影响。首先，存货管理水平是关键。过多的存货积压会占用大量资金，降低流动资产周转率；而有效的库存管理策略，如 JIT、VMI 等，则能减少库存成本，加速存货周转。其次，应收账款管理效率也至关重要。高效的应收账款回收机制能够缩短收款周期，增加流动资金，提升周转率。此外，企业的销售策略、生产流程优化、供应链管理以及宏观经济环境等因素也会对流动资产周转率产生一定影响。

（三）提升流动资产周转率的策略路径

为了提升流动资产周转率，企业需要采取一系列综合措施。首先，加强存货管理，通过精准预测市场需求、优化库存结构、提高库存周转率等方式，减少存货积压，降低资金占用。其次，完善应收账款管理制度，建立健全的信用评估体系，加强与客户的沟通与合作，确保应收账款及时回收。同时，优化生产流程，提高生产效率，减少生产周期，加快产品上市速度，从而增加销售收入，提升流动资产周转率。此外，企业还应加强供应链管理，与供应商建立长期稳定的合作关系，确保原材料供应的及时性和稳定性，降低采购成本，提高整体运营效率。

（四）流动资产周转率与企业战略发展的关联

流动资产周转率不仅是企业财务状况的直接体现，更是企业战略发展的重要支撑。高流动资产周转率意味着企业能够快速响应市场变化，灵活调整经营策略，抓住市场机遇，实现快速发展。同时，良好的流动资产周转能力也为企业提供了更多的财务资源，支持企业进行技术创新、市场拓展、品牌建设等长期投资活动，推动企业的可持续发展。因此，企业应将提升流动资产周转率作为战略发展的重要目标之一，通过不断优化管理、提高运营效率、加强内部控制等方式，实现流动资产的高效周转和企业的持续成长。

第三节 偿债能力评价指标

一、流动比率

（一）流动比率的定义与核心作用

流动比率作为财务分析中衡量企业短期偿债能力的重要标尺，通过流动资产与流动负债的直接对比，清晰地展现了企业在短期内应对财务压力的能力。这一比率不仅关乎企业的日常运营安全，也是投资者、债权人等利益相关者评估企业风险与稳健性的关键指标。高流动比率通常意味着企业拥有充足的流动资产来覆盖即将到期的流动负债，从而降低了因资金链断裂而引发的财务风险。

（二）流动比率与企业运营管理的关系

流动比率的高低直接反映了企业运营管理的效率与稳健性。一方面，高效的库存管理和应收账款回收政策能够加速流动资产的周转，提升流动比率，为企业运营提供更为坚实的资金保障。另一方面，合理的短期融资安排和债务管理策略则有助于控制流动负债的增长，保持流动比率的稳定。因此，企业需不断优化运营流程，加强财务管理，以实现流动比率的持续优化。

（三）流动比率分析的局限性及补充指标

尽管流动比率在评估企业短期偿债能力方面具有重要意义，但其也存在一定的局限性。例如，流动资产中可能包含难以迅速变现的存货或预付款项，而流动负债则可能忽略了潜在的或有负债。因此，在运用流动比率进行分析时，需结合其他财务指标和企业实际情况进行综合考虑。此外，速动比率（剔除了存货等变现能力较弱的流动资产后的流动资产与流动负债之比）和现金比率（现金及现金等价物与流动负债之比）等补充指标也常被用来进一步评估企业的短期偿债能力。

（四）提升流动比率的策略与路径

为了提升流动比率，增强企业的短期偿债能力，企业可采取多种策略与路径。首先，加强应收账款管理，通过优化信用政策、加强催收力度等方式，缩短收款周期，减少坏账损失。其次，优化库存管理，采用先进的库存管理系统和方法，降低库存成本，提高库存周转率。此外，企业还可通过短期融资、债务重组等方式，合理调整债务结构，降低流动负债的占比。同时，加强财务管理和内部控制，提高资金使用效率，也是提升流动比率的有效途径。综上所述，提升流动比率需要企业在多个方面共同努力，以实现短期偿债能力的全面提升。

二、速动比率

（一）速动比率的重要性

速动比率作为衡量企业短期偿债能力的重要指标之一，其重要性不言而喻。在瞬息万变的市场环境中，企业面临着各种不确定性和风险，其中短期偿债能力是保障企业稳健运营的关键。速动比率通过计算速动资产（即流动资产中易于迅速变现的部分，如现金、应收账款、短期投资等）与流动负债之比，为企业债权人、投资者及管理层提供了一个直观了解企业短期偿债能力的窗口。高速动比率意味着企业拥有足够的速动资产来覆盖其短期债务，降低了因资金链断裂而引发的财务风险；反之，则可能表明企业短期偿债能力较弱，需要引起相关方的警惕。

（二）速动比率与流动资产、存货的关系

速动比率与流动资产、存货之间存在着紧密的联系。流动资产是企业短期内可以变现的资产总和，而存货作为流动资产的重要组成部分，其变现速度相对较慢，且受市场波动影响较大。因此，在计算速动比率时，将存货等不易迅速变现的资产从流动资产中剔除，以更准确地反映企业短期内可用于偿还债务的资产状况。这种调整有助于投资者和债权人更清晰地了解企业真实的短期偿债能力，避免因存货积压或市场变化导致的误判。

（三）提升速动比率的策略

为了提升速动比率，企业可采取多种策略。首先，加强应收账款管理，通过优化信用政策、加强催收力度等方式，缩短应收账款周转期，提高应收账款回收率，从而增加速动资产总额。其次，合理控制存货规模，根据市场需求和生产计划科学安排采购和生产，避免存货积压和浪费，降低存货占用资金比例，提升速动比率。此外，企业还可以通过增加现金储备、优化资本结构等方式，提高整体财务稳健性，为短期偿债提供有力保障。

（四）速动比率的局限性与综合考量

尽管速动比率在评估企业短期偿债能力方面具有重要作用，但也存在一定的局限性。例如，速动比率仅考虑了易于迅速变现的资产，而忽略了企业可能存在的其他偿债资源，如未使用的银行授信额度、可变现的长期投资等。因此，在评估企业短期偿债能力时，还需综合考虑其他财务指标和因素，如流动比率、现金流量比率、企业信誉状况等。同时，不同行业、

不同规模的企业在速动比率上可能存在较大差异，因此在进行横向比较时需注意行业特性和企业实际情况。总之，速动比率是企业短期偿债能力评估的重要工具之一，但需结合其他信息综合考量，以全面准确地评估企业的财务状况和风险水平。

三、资产负债率

（一）资产负债率的核心意义

资产负债率作为企业财务结构分析中的基石，其重要性不言而喻。它直观地揭示了企业总资产中通过借款或其他债务方式筹集的资金所占的比例，是衡量企业长期偿债能力的重要指标。资产负债率的高低不仅反映了企业的融资策略、资本结构的合理性，还直接影响企业的财务风险、融资成本以及未来扩张能力。合理的资产负债率能够确保企业在满足资金需求的同时，保持足够的偿债能力，降低财务风险，为企业的稳健发展奠定坚实基础。

（二）资产负债率的行业差异与解读

不同行业因其经营特性、市场环境及监管要求的差异，往往呈现出不同的资产负债率水平。例如，资本密集型行业如制造业、房地产业等，由于需要大量的初始投资和长期运营资金，往往具有较高的资产负债率以支持其扩张和发展；而服务业、高科技行业等则可能因轻资产、高附加值的特点而保持较低的资产负债率。因此，在解读企业资产负债率时，必须结合行业特性进行横向对比，以更准确地评估企业的财务健康状况和偿债能力。

（三）影响资产负债率的因素剖析

资产负债率的变动受多种因素综合影响。首先，企业的融资策略是关键。企业根据自身发展需要和市场环境选择合适的融资方式（如股权融资、债务融资等），直接影响其资产负债率的水平。其次，盈利能力也是重要因素之一。盈利能力强的企业往往能够通过内部积累满足资金需求，降低对外部融资的依赖，从而降低资产负债率。此外，行业周期、经济环境、政策变动以及企业自身的经营策略等也会对资产负债率产生影响。

（四）优化资产负债率的策略与方向

为了保持合理的资产负债率，企业需要采取一系列策略措施。首先，加强财务管理，优化资本结构，通过合理的融资规划和债务管理，确保企业在满足资金需求的同时，保持适度的杠杆水平。其次，提升盈利能力，增强内部积累能力，减少对外部融资的依赖。同时，加强风险管理，建立健全的风险预警和应对机制，及时识别和化解潜在的财务风险。此外，企业还应关注行业发展趋势和市场环境变化，灵活调整经营策略，以适应市场需求和政策要求。通过这些措施的实施，企业可以不断优化资产负债结构，提高偿债能力，实现稳健发展。

四、利息保障倍数

（一）利息保障倍数的意义

利息保障倍数作为衡量企业支付利息费用能力的重要指标，通过息税前利润与利息费用的比值，揭示了企业财务结构的稳健性与偿债能力。这一指标不仅反映了企业利润中用于偿还利息的部分占比，还体现了企业在面临财务压力时，是否具备足够的盈余来保障利息的支付，从而维护企业的信用评级和融资渠道的畅通。高利息保障倍数意味着企业具备较强的债务承担能力和财务灵活性，能够更好地应对市场波动和财务挑战。

（二）利息保障倍数与企业经营风险的关系

利息保障倍数的高低与企业经营风险紧密相关。在评估企业财务风险时，债权人和投资者往往会特别关注企业的利息保障能力。低利息保障倍数可能暗示企业面临较大的偿债压力，一旦市场环境恶化或经营状况不佳，企业可能难以按时支付利息，进而引发财务危机。因此，企业需要关注并维护较高的利息保障倍数，以降低经营风险，增强市场信心。

（三）提升利息保障倍数的策略与实践

为了提升利息保障倍数，企业需从多个方面入手。首先，优化利润结构，通过提高主营业务的盈利能力，增加息税前利润。这要求企业不断创新，提升产品质量和服务水平，增强市场竞争力。其次，合理控制利息费用，通过优化债务结构、降低融资成本等方式，减少利息支出。同时，企业还需加强财务管理，提高资金使用效率，避免不必要的资金浪费和损失。此外，保持适度的财务杠杆水平也是提升利息保障倍数的重要措施。过高的财务杠杆虽然可能带来较高的财务杠杆收益，但也增加了企业的偿债压力和财务风险。因此，企业需要根据自身实际情况，合理确定财务杠杆水平，以实现稳健的财务结构和良好的偿债能力。

（四）利息保障倍数与企业长期发展的关系

利息保障倍数不仅关乎企业当前的偿债能力，更与企业的长期发展密切相关。高利息保障倍数有助于企业获得更为稳定和低成本的融资渠道，为企业的扩张和发展提供有力的资金支持。同时，良好的偿债能力也有助于企业维护良好的信用评级和市场声誉，增强合作伙伴和投资者的信心。因此，企业需要高度重视利息保障倍数的提升工作，通过不断优化经营策略和管理模式，实现财务结构的稳健和盈利能力的持续提升。在追求企业长期发展的过程中，保持合理的利息保障倍数是企业稳健前行的重要保障。

五、现金比率

（一）现金比率的直接意义

现金比率作为反映企业财务健康状况的一个直接且关键的指标，其衡量的是企业现金及现金等价物（如银行存款、货币市场基金等高度流动的资产）相对于流动负债的即时偿付能力。这一比率的高低直接反映了企业在面临短期债务到期时，迅速且无条件地以现金形式偿还债务的能力。高现金比率意味着企业拥有充足的流动资金储备，能够轻松应对突发的资金需求或偿债压力，从而保障企业的财务安全和运营稳定。

（二）现金比率与流动性管理的关系

现金比率的高低与企业的流动性管理策略紧密相连。有效的流动性管理要求企业在保持足够现金以应对不时之需的同时，也要避免资金闲置过多而导致的资源浪费。因此，企业在制定流动性管理策略时，需要综合考虑市场环境、行业特点、自身经营状况以及未来发展规划等因素，合理确定现金比率的目标范围。一方面，要确保现金比率能够覆盖企业的短期偿债需求，另一方面，也要避免过高的现金比率导致资金利用效率低下。

（三）提升现金比率的策略与挑战

为了提升现金比率，企业可以采取一系列策略。首先，加强现金流预测和管理，通过精细化的财务管理手段，提高现金流的预测准确性和可控性，确保企业始终拥有足够的流动资金储备。其次，优化资本结构和融资策略，通过合理的债务安排和融资方式选择，降低企业的融资成本，提高资金使用效率。此外，企业还可以通过加强应收账款管理、减少存货积压、提高运营效率等方式，增加经营性现金流入，从而提升现金比率。然而，提升现金比率也面临着诸多挑战，如市场环境的不确定性、行业竞争的加剧、政策法规的变化等都可能对企业的现金流产生不利影响。因此，企业在提升现金比率的过程中，需要保持高度的警惕性和灵活性，及时应对各种潜在风险。

（四）现金比率的局限性与综合评估

虽然现金比率在评估企业即时偿付流动负债的能力方面具有重要作用，但也存在一定的局限性。首先，现金比率仅考虑了现金及现金等价物这一单一资产类别,而忽略了企业可能拥有的其他可迅速变现的资产,如短期投资、应收账款等。因此,在评估企业的短期偿债能力时,还需综合考虑其他相关指标和因素。其次,不同行业、不同规模的企业在现金比率上可能存在较大差异,因此在进行横向比较时需注意行业特性和企业实际情况。最后,现金比率过高也可能意味着企业存在资金利用效率低下或投资机会不足等问题。因此,在评估企业现金比率时,还需结合企业的整体财务状况和发展战略进行综合考量。综上所述,现金比率是企业短期偿债能力评估的重要工具之一,但需结合其他信息综合评估以全面反映企业的财务健康状况。

第四节 发展能力评价指标

一、营业收入增长率

(一)营业收入增长率的战略意义

营业收入增长率作为评估企业成长性与市场扩张能力的重要指标,其数值直接反映了企业年度间销售收入的变动趋势。它不仅是衡量企业经营业绩增长的直接标尺,更是企业战略规划实施效果的重要反馈。高营业收入增长率意味着企业产品在市场上受到广泛认可,市场份额持续扩大,为企业带来了更多的现金流和利润增长点,是企业持续发展和竞争力提升的重要驱动力。

(二)营业收入增长率与市场环境的互动

营业收入增长率的变动深受市场环境的影响。在经济增长期,市场需求旺盛,消费者购买力增强,为企业提供了良好的外部发展环境,此时企业往往能够实现较高的营业收入增长率。相反,在经济下行或行业调整期,市场需求萎缩，竞争加剧，企业面临更大的市场压力，营业收入增长率可能放缓甚至出现负增长。因此，企业需密切关注市场动态，灵活调整经营策略，以应对不同市场环境带来的挑战与机遇。

（三）营业收入增长率与企业内部管理的关系

营业收入增长率的提升离不开企业内部管理的持续优化。有效的市场营销策略能够提升品牌知名度，吸引更多潜在客户；高效的生产运营体系能够确保产品质量和交货期，满足客户需求；严格的成本控制和财务管理能够提升利润空间，为企业的再投资和市场扩张提供资金支持。因此，企业应不断加强内部管理，提升运营效率，以支撑营业收入的持续快速增长。

（四）未来展望与策略调整

面对不断变化的市场环境和竞争态势，企业应保持敏锐的市场洞察力，对营业收入增长率进行持续监测和分析。当营业收入增长率出现下滑趋势时，企业应深入分析原因，是市场需求变化、竞争加剧，还是内部管理不善所致？并据此制定相应的应对策略。例如，加大研发投入，推出新产品以满足市场新需求；优化销售渠道，拓展新市场以扩大销售规模；加强内部管理，提升运营效率以降低成本等。同时，企业还应注重风险防控，建立健全的风险预警和应对机制，确保在复杂多变的市场环境中稳健前行。总之，营业收入增长率是企业成长的重要风向标，企业应高度重视并持续努力提升其数值，以实现可持续发展和长期繁荣。

二、净利润增长率

（一）净利润增长率的深刻意义

净利润增长率作为衡量企业盈利能力增长情况的核心指标，通过对比本年与上年净利润的增长额，直观地展现了企业盈利能力的变化趋势。这一指标不仅反映了企业经营活动的成果积累，也体现了企业发展战略的有效实施和市场竞争力的提升。高净利润增长率意味着企业在保持稳健运营的同时，实现了盈利能力的显著增强，为企业未来的发展奠定了坚实的基础。

（二）净利润增长率与企业成长的联动

净利润增长率的提升与企业成长之间存在着紧密的联动关系。一方面，净利润的增长是企业规模扩张、市场份额提升、产品优化升级等积极因素的直接体现。这些因素的共同作用促使企业在市场竞争中占据更有利的位置，进而实现盈利能力的增强。另一方面，净利润的增长也为企业的再投资、技术创新、市场拓展等提供了充足的资金支持，进一步推动了企业的成长和发展。因此，净利润增长率的提升不仅是企业盈利能力增强的标志，也是企业持续成长和壮大的重要动力。

（三）影响净利润增长率的关键因素

净利润增长率的变动受到多种因素的影响。首先，市场需求的变化是影响净利润增长的关键因素之一。随着市场需求的变化，企业需及时调整产品结构和市场策略，以满足市场需求，从而实现盈利的增长。其次，成本控制也是影响净利润增长率的重要因素。企业需通过优化生产流程、降低原材料采购成本、提高生产效率等措施，有效控制成本，提高盈利能力。此外，技术创新、品牌建设、管理优化等也是影响净利润增长的重要因素。这些因素的共同作用促使企业不断提升核心竞争力，实现盈利能力的持续提升。

（四）净利润增长率与企业战略规划的协同

净利润增长率的提升需要与企业战略规划的协同推进。企业需根据自身实际情况和市场环境，制订科学合理的战略规划，明确发展目标和路径。在战略规划的指导下，企业需不断优化产品结构、提升技术水平、加强品牌建设、拓展市场渠道等，以实现盈利能力的持续增强。同时，企业还需关注市场动态和竞争态势，及时调整战略规划和经营策略，以应对市场变化和挑战。通过战略规划与净利润增长率的协同推进，企业能够实现稳健发展和持续盈利的目标。

三、总资产增长率

（一）总资产增长率的宏观经济视角

总资产增长率作为企业成长性的关键指标之一，其变化不仅反映了企业自身发展的态势，也映射出宏观经济环境的波动与趋势。在经济增长期，市场需求旺盛，企业往往通过扩大生产规模、增加投资等方式来满足市场需求，从而推动总资产的增长。此时，总资产增长率的提升是企业顺应经济周期、把握发展机遇的积极表现。相反，在经济下行期，市场需求萎缩，企业可能面临销售下滑、资金回笼困难等挑战，总资产增长率可能放缓甚至出现负增长，这既是企业应对经济压力的反映，也是市场自我调整的结果。

（二）总资产增长与企业战略的关系

总资产增长率的快慢与企业的战略规划紧密相连。不同的企业战略导向会影响其资产扩张的速度和方式。例如，采取扩张型战略的企业，往往通过并购重组、新建项目等方式迅速扩大资产规模，以实现市场份额的快速增长和竞争优势的构建。这类企业的总资产增长率通常较高，但也伴随着较高的财务风险和资金需求。而采取稳健型或防御型战略的企业，则可能更注重资产的质量和运营效率，通过内部挖潜、技术创新等方式提升竞争力，其总资产增长率相对较为平稳。因此，总资产增长率的变化在一定程度上反映了企业战略的选择与执行情况。

（三）总资产增长率背后的驱动力

总资产增长率的提升背后，往往有多重驱动力的共同作用。首先，营业收入的增长是企业总资产增长的重要基础。随着销售规模的扩大和市场份额的提升，企业需要更多的资产来支撑其业务运营和市场拓展。其次，融资能力的提升也是推动总资产增长的关键因素。企业通过股权融资、债务融资等方式筹集资金，为资产扩张提供资金保障。此外，技术创新、管理优化等内部因素也能促进总资产的增长。技术创新能够提升产品的附加值和市场竞争力，从而带动销售增长和资产扩张；而管理优化则能提高运营效率，降低运营成本，为企业的资产增长创造更多空间。

（四）总资产增长率的持续性与质量考量

总资产增长率的持续性和质量是衡量企业成长潜力的重要指标。一方面，持续稳定的总资产增长率表明企业具有较强的成长性和市场竞争力，能够持续扩大资产规模并提升盈利能力。另一方面，总资产增长的质量同样重要。高质量的总资产增长应伴随着营业收入和净利润的同步增长，且资产结构合理、运营效率提升。反之，如果总资产增长主要依赖于债务融资或低效投资，可能导致企业财务风险增加、盈利能力下降，这种增长是不可持续的。因此，在评估总资产增长率时，需要综合考虑其持续性和质量因素，以全面判断企业的成长潜力和投资价值。

四、市场份额增长率

（一）市场份额增长率的战略价值

市场份额增长率作为衡量企业在市场竞争中地位变化的关键指标，其重要性不言而喻。它直接反映了企业产品或服务在目标市场中的接受度和竞争力提升情况。市场份额的增长不仅意味着企业能够吸引更多的消费者，提升品牌影响力，还为企业带来了更大的规模经济效益和议价能力，为企业的长期发展奠定了坚实基础。因此，追求并保持市场份额的稳步增长，是企业制订市场竞争策略、优化资源配置、提升核心竞争力的核心目标之一。

（二）市场份额增长与产品创新的关系

市场份额的增长往往与企业产品的创新能力和市场适应性密切相关。

在快速变化的市场环境中，企业只有不断创新，推出符合消费者需求的新产品或服务，才能在激烈的市场竞争中脱颖而出，吸引更多消费者，进而提升市场份额。因此，企业应加大研发投入，建立健全的产品创新机制，不断推出具有差异化竞争优势的产品，以满足市场的多元化需求，推动市场份额的持续增长。

（三）市场拓展与渠道建设对市场份额增长的影响

市场拓展和渠道建设是提升市场份额的重要途径。企业应根据自身特点和市场情况，制订科学的市场拓展策略，积极开拓新的市场领域和细分市场，以扩大销售范围和提升品牌知名度。同时，加强渠道建设，优化渠道结构，提升渠道效率，确保产品能够顺畅地到达目标消费者手中，也是提升市场份额的关键。企业应加强与渠道合作伙伴的沟通与合作，共同构建高效、稳定的营销网络，为市场份额的增长提供有力支持。

（四）持续优化市场策略

在追求市场份额增长的过程中，企业不可避免地会遇到各种挑战和困难。例如，市场竞争加剧、消费者需求变化、政策环境调整等。为了应对这些挑战，企业需要保持敏锐的市场洞察力，及时调整市场策略，优化资源配置，提升竞争力。企业应密切关注市场动态和竞争对手情况，分析市场需求变化趋势和消费者行为特点，制订符合市场实际和自身特点的市场策略。同时，加强内部管理，提升运营效率和服务质量，确保企业在激烈的市场竞争中保持领先地位，实现市场份额的持续稳定增长。

五、研发投入增长率

（一）研发投入增长率的战略意义

研发投入增长率作为衡量企业对技术创新和未来发展投入力度的关键指标，直接反映了企业在面对市场变革和技术革新时的前瞻性和战略眼光。

这一比率的提升，不仅意味着企业在技术研发上的持续加大投入，更表明企业对于构建核心竞争力、推动产业升级以及实现可持续发展的坚定决心。高研发投入增长率的企业，往往能够在激烈的市场竞争中脱颖而出，引领行业趋势，开创更为广阔的发展空间。

（二）技术创新与企业发展的双轮驱动

研发投入增长率的提高，实际上是企业技术创新与发展动力双轮驱动的生动体现。技术创新作为企业发展的核心驱动力，能够不断推动产品升级、服务优化和模式创新，为企业带来新的增长点。而研发投入的持续增长，则是保障技术创新活力不断涌现的重要源泉。两者相辅相成，共同推动企业向更高水平、更高质量的发展阶段迈进。在这个过程中，企业不仅提升了自身的市场竞争力和盈利能力，也为整个行业的进步和社会经济的发展做出了积极贡献。

（三）研发投入增长率的多元化影响

研发投入增长率的提升，不仅对企业自身的技术创新和未来发展产生深远影响，还对其利益相关者产生广泛的正面效应。对于投资者而言，高研发投入增长率是企业未来增长潜力和价值创造能力的重要信号，有助于增强投资者的信心和预期。对于员工而言，企业加大对研发的投入，意味着更多的发展机会和职业成长空间，能够激发员工的工作热情和创造力。对于社会而言，企业的技术创新和研发投入，有助于推动科技进步和产业升级，为社会经济发展注入新的活力。

（四）构建持续研发投入的长效机制

为了确保研发投入增长率的稳步提升，企业需要构建持续研发投入的长效机制。这包括建立科学的研发决策机制，确保研发投入与企业战略目标和市场需求相契合；加强研发团队建设，吸引和培养高素质的研发人才；完善研发管理体系，提高研发效率和成果转化率；以及加强产学研合作，充分利用外部资源和技术优势，推动技术创新和产业升级。同时，企业还需关注政策环境和市场变化，灵活调整研发策略和方向，以适应不断变化的市场需求和竞争格局。通过构建持续研发投入的长效机制，企业能够保持技术创新的领先地位，为未来发展奠定坚实的基础。

第五节　财务指标综合评价方法

一、杜邦分析法

（一）杜邦分析法的核心逻辑

杜邦分析法作为一种经典的财务分析方法，其精髓在于通过拆解和整合企业财务报表中的关键指标，揭示它们之间的内在联系，从而为企业提供一个全面、系统的财务状况与经营成果评价框架。该方法的核心逻辑在于将复杂的财务指标体系简化为几个核心要素，并通过它们之间的乘积关系，直观展现企业盈利能力、运营效率和资产利用效率的综合影响。

（二）核心比率的互动关系

在杜邦分析体系中，净资产收益率（ROE）作为最终评价指标，其高低直接反映了股东投资的回报率。ROE 的计算依赖于总资产净利率和权益乘数两个核心数值。总资产净利率反映了企业总资产创造净利润的能力，它进一步分解为销售净利率和总资产周转率两个子比率。销售净利率衡量了企业每单位销售收入中的净利润含量，而总资产周转率则揭示了企业资产从投入到产出的流转速度。权益乘数则反映了企业利用财务杠杆的程度，即总资产相对于股东权益的放大倍数。这三个核心数值相互关联、相互影响，共同决定了 ROE 的高低。

（三）杜邦分析法的应用价值

杜邦分析法的应用价值在于其能够为企业管理层、投资者及债权人提供深入洞察企业财务状况和经营成果的视角。通过杜邦分析，企业可以清晰地识别出其盈利能力的强弱、运营效率的高低以及资本结构的合理性。对于管理层而言，这有助于他们制订更为精准的财务策略和经营计划；对于投资者而言，这有助于他们评估企业的投资价值和增长潜力；对于债权人而言，这有助于他们判断企业的偿债能力和信贷风险。

（四）杜邦分析法的局限性与拓展

尽管杜邦分析法具有广泛的应用价值，但也存在一定的局限性。例如，该方法主要基于历史财务数据进行分析，难以全面反映企业未来的发展趋势和潜在风险；同时，其假设各财务比率之间为简单的乘积关系，可能忽略了它们之间复杂的相互作用和相互影响。因此，在应用杜邦分析法时，需要结合其他财务分析方法和工具进行综合考量。

随着企业经营环境的不断变化和财务理论的不断发展，杜邦分析法也在不断拓展和完善。例如，一些学者和实务工作者在传统杜邦分析体系的基础上引入了现金流量比率、经济增加值（EVA）等新的财务指标，以更全面地反映企业的财务状况和经营成果。这些拓展不仅丰富了杜邦分析法的内涵，也提高了其在实际应用中的有效性和准确性。

二、沃尔评分法

（一）沃尔评分法的原理与应用背景

沃尔评分法作为一种经典的财务综合评价方法，其核心在于通过构建一套科学的财务比率体系，并赋予各比率相应的权重，以量化评估企业的财务状况和信用水平。该方法自诞生以来，便因其系统性、可操作性强而广泛应用于企业信用评级、财务诊断及投资决策等领域。沃尔评分法不仅能够帮助企业内部管理者全面了解企业的财务健康状况，还能为外部投资者、债权人等利益相关者提供客观、准确的财务信息参考。

（二）财务比率的选择与权重分配

在沃尔评分法中，财务比率的选择至关重要。通常，这些比率涵盖了企业的偿债能力、盈利能力、运营效率和成长潜力等多个方面，如流动比率、速动比率反映偿债能力，总资产报酬率、净资产收益率体现盈利能力，应收账款周转率、存货周转率则衡量运营效率，而营业收入增长率、净利润增长率等指标则用于评估企业的成长潜力。每个比率都被赋予了一定的权重，这些权重的确定依据是各比率对企业整体财务状况的影响程度，以及行业特性和企业实际情况的考虑。

（三）标准比率的设定与比较评分

为了进行评分，沃尔评分法需要设定一套标准比率作为参照。这些标准比率可以是行业平均水平、历史最优水平或根据企业战略目标设定的目标值。通过将企业的实际财务比率与标准比率进行比较，可以计算出各项指标的得分。得分的高低直接反映了企业在该指标上的表现优劣。随后，将所有指标的得分按照其权重进行加权求和，即可得到企业总体财务状况的累计分数。这一分数不仅是对企业当前财务状况的量化评价，也是预测企业未来发展趋势的重要依据。

（四）沃尔评分法的优势与局限性

沃尔评分法的优势在于其全面性和系统性，能够综合考虑企业的多个财务维度，为企业财务状况提供综合、客观的评价。同时，该方法还具有较强的可操作性和灵活性，可以根据不同的评价目的和对象调整财务比率的选择和权重分配。然而，沃尔评分法也存在一定的局限性。例如，标准比率的设定可能受到多种因素的影响，难以完全客观准确；不同行业、不同规模的企业之间可能存在较大的差异性，使得标准比率的适用性受到限制；此外，财务比率本身可能受到会计政策、会计估计等因素的影响，导致评价结果的偏差。因此，在应用沃尔评分法时，需要充分考虑这些局限性，并结合其他财务分析方法进行综合判断。

三、平衡计分卡

（一）平衡计分卡的综合评价体系

平衡计分卡作为一种先进的管理工具，其核心价值在于打破了传统单一财务指标衡量企业绩效的局限，将财务、客户、内部流程、学习与成长四个维度有机融合，构建了一个全面、多维的绩效评价体系。这一体系不仅关注企业短期的财务成果，更重视长期的能力构建和可持续发展，确保了企业战略目标的全面落地和有效执行。

（二）财务维度的核心作用

在平衡计分卡中，财务维度作为传统绩效管理的基石，仍然占据着举足轻重的地位。它通过对企业盈利能力、运营效率、资产回报等关键财务指标的监控和分析，直接反映了企业经济活动的成果和股东价值的实现情况。高效的财务管理和稳健的财务表现，是企业持续运营和发展的基石，也是其他三个维度目标实现的重要保障。

（三）客户维度的市场导向

客户维度在平衡计分卡中扮演着市场导向的角色，它要求企业从客户的角度出发，关注客户满意度、忠诚度、市场份额等关键指标。通过深入了解客户需求和期望，企业能够不断优化产品和服务，提升客户体验，从而在激烈的市场竞争中占据有利位置。同时，客户维度的评价也促进了企业内部流程的改进和创新，确保了企业能够更好地满足市场需求，实现客户价值和企业价值的双赢。

（四）内部流程的优化与创新

内部流程维度是平衡计分卡中连接财务和客户两个维度的桥梁。它要求企业关注内部运营的效率、质量和创新能力，通过优化流程、降低成本、提高响应速度等措施，确保企业能够高效、稳定地为客户提供优质的产品和服务。同时，内部流程的优化也为企业的持续创新提供了有力支持，推动了企业在新产品、新技术、新市场等领域的不断探索和突破。

（五）学习与成长的持续动力

学习与成长维度是平衡计分卡中最具前瞻性的一个维度。它强调企业应当注重员工能力的提升、组织文化的建设以及信息技术的运用等方面，为企业的长期发展提供持续的动力和支持。通过加强员工培训、建立学习型组织、推动技术创新等措施，企业能够不断提升自身的竞争力和适应能力，在快速变化的市场环境中保持领先地位。同时，学习与成长维度的评价也促进了企业内部各维度之间的协同作用，确保了企业战略目标的全面实现和持续优化。

四、EVA 评价法

（一）EVA 的核心理念

EVA（经济增加值）评价法，作为一种先进的业绩衡量指标，其核心在于将资本成本纳入企业绩效评价体系之中。传统会计利润指标往往忽视了企业为获得和使用资本所付出的成本，而 EVA 则强调企业只有在税后净营业利润超过其全部资本成本时，才算真正为股东创造了价值。这一核心理念颠覆了传统以会计利润为唯一标准的评价方式，促使企业更加关注资本的有效利用和股东价值的最大化。

（二）EVA 的计算方法

EVA 的计算相对复杂，但逻辑清晰。首先，需要确定企业的税后净营业利润，这通常需要对财务报表中的净利润进行调整，以剔除非经常性项目和非现金支出的影响，从而更真实地反映企业主营业务的盈利能力。其次，需要计算企业的全部资本成本，这包括债务资本成本和股权资本成本两部分。债务资本成本相对容易确定，而股权资本成本的估算则涉及更多的主观判断和市场分析。最后,将税后净营业利润与全部资本成本相减,得出的差额即为EVA。若EVA为正,则表示企业为股东创造了额外的价值;若EVA为负,则表示企业未能完全覆盖其资本成本,未能实现股东价值的增长。

(三)EVA的优势与应用

EVA评价法相比传统会计利润指标具有显著的优势。首先,它鼓励企业关注资本的有效利用,避免盲目扩张和资本浪费,有助于提升企业的长期竞争力和可持续发展能力。其次,EVA将股东利益与企业经营目标紧密结合,促使管理层更加关注股东回报,减少短视行为。此外,EVA还为企业内部绩效考核提供了更为科学的依据,有助于激发员工的积极性和创造力。

在实际应用中,EVA评价法已被越来越多的企业所采用。企业可以根据自身的实际情况和行业特点,灵活调整EVA的计算方法和参数设置,以更好地适应市场环境的变化和企业发展的需要。同时,企业还可以将EVA与其他财务指标和管理工具相结合,形成更为完善的业绩评价体系,为企业战略决策和经营管理提供有力支持。

(四)EVA的挑战与展望

尽管EVA评价法具有诸多优势,但其在实际应用中仍面临一些挑战。例如,EVA的计算过程相对复杂,需要较高的财务分析和市场判断能力;同时,EVA对于非财务指标如企业文化、创新能力等的考量相对不足,难以全面反映企业的综合绩效。为了克服这些挑战,企业可以不断优化EVA的计算方法和应用模式,加强与其他管理工具的整合与协同;同时,也可以探索将EVA与非财务指标相结合的综合评价体系,以更全面地反映企业的绩效和价值创造能力。展望未来,随着企业管理理念的不断升级和财务理论的不断发展,EVA评价法有望在更多领域和更深层次上发挥其独特作用,为企业创造更加辉煌的业绩和价值。

五、雷达图分析法

（一）雷达图分析法的视觉魅力

雷达图分析法作为一种直观且全面的财务分析工具，其独特之处在于能够将复杂多维的财务数据以图形的形式展现出来，使观察者能够一目了然地洞察企业各财务维度的表现情况。通过雷达图，企业各项财务指标如盈利能力、偿债能力、运营效率、成长潜力和现金流状况等被巧妙地分布在圆周上，形成多个辐射状的轴线，而各轴线的长度则代表了相应财务指标的具体数值，从而构成一个完整的闭合图形。这种图形化的呈现方式，不仅增强了财务信息的可读性和易理解性，还为企业管理者和投资者提供了一个直观判断企业财务均衡性和发展潜力的工具。

（二）财务维度的均衡性评估

雷达图的一个重要功能在于评估企业财务维度的均衡性。在雷达图中，如果各个财务指标所代表的轴线长度大致相等，且图形形状接近于正多边形，那么可以认为企业的财务状况较为均衡，各财务维度的发展相对协调。相反，如果某些轴线明显短于其他轴线，或者图形形状出现明显的凹凸不平，则表明企业在某些财务维度上可能存在短板或过度依赖某一方面的发展，需要引起关注和调整。通过雷达图的均衡性评估，企业可以及时发现并解决财务结构中的不平衡问题，促进企业的健康稳定发展。

（三）财务优势的凸显与弱项的识别

雷达图还能够清晰地反映出企业的财务优势和弱项。在图形中，那些轴线长度超出平均水平的财务指标，往往代表着企业在该财务维度上的强项或优势；而轴线长度较短的财务指标，则可能代表着企业在该方面的不足或劣势。通过观察雷达图的这些特征，企业可以更加明确自身的财务优势所在，以及需要改进和提升的财务领域。这种有针对性的分析和判断，有助于企业制订更加科学合理的财务战略和计划，推动企业在激烈的市场竞争中保持领先地位。

（四）雷达图分析法的应用前景与注意事项

随着财务管理理论的不断发展和完善，雷达图分析法在企业财务分析中的应用前景越来越广阔。它不仅适用于单个企业的财务状况评估，还可以用于不同企业之间的财务对比和排名分析。同时，雷达图还可以与其他财务分析工具相结合，形成更加全面和深入的财务分析体系。然而，在应用雷达图分析法时，也需要注意一些事项。比如，要确保所选取的财务指标具有代表性和可比性；要合理设定各财务指标的权重和评分标准；要关注财务指标之间的内在联系和相互影响等。只有这样，才能充分发挥雷达图分析法的优势和作用，为企业财务管理和决策提供有力支持。

第四章 社会绩效评价指标体系构建

第一节 员工关系与福利指标

一、员工满意度调查

（一）员工满意度调查的重要性

员工满意度调查是企业内部管理中不可或缺的一环，它不仅是衡量员工对企业各方面满意度的重要工具，更是企业倾听员工心声、优化工作环境、促进员工发展的有效途径。通过定期开展员工满意度调查，企业能够及时了解员工的需求、期望与不满，为制订更加人性化、科学化的管理策略提供有力依据。这种以员工为中心的管理理念，有助于增强员工的归属感、责任感和忠诚度，从而激发员工的工作热情和创造力，推动企业的持续健康发展。

（二）调查内容的全面性

员工满意度调查的内容应当全面而深入，涵盖工作环境、薪酬福利、职业发展等多个方面。工作环境方面，可以关注员工对办公设施、工作氛围、团队协作等方面的满意度；薪酬福利方面，则需了解员工对薪资水平、福利待遇、激励机制等的认可程度；职业发展方面，则需关注员工对培训机会、晋升渠道、个人成长空间的看法。此外，还可以根据企业的实际情况，灵活设置其他与员工切身利益相关的调查内容，如企业文化、管理制度、工作生活平衡等。通过全面而细致的调查，企业能够更加准确地把握员工的心态和需求，为后续的改进措施提供精准的数据支持。

（三）调查方式的多样性与匿名性

为了确保员工满意度调查的真实性和有效性，企业应采用多样化的调查方式，如线上问卷、线下访谈、小组讨论等，以便员工能够根据自己的实际情况选择合适的参与方式。同时，为了保证员工的隐私，调查过程应确保匿名性，让员工能够放心地表达自己的真实想法和感受。这种开放、包容的调查氛围，有助于消除员工的顾虑和担忧，提高调查的参与度和真实性。

（四）调查结果的应用与反馈

员工满意度调查的真正价值在于其结果的应用与反馈。企业应高度重视调查结果的整理和分析工作，将员工的意见和建议转化为具体的改进措施和行动计划。这些措施可以包括改善工作环境、调整薪酬福利政策、优化职业发展路径等。同时，企业还应将调查结果及时反馈给员工，让员工感受到企业的重视和关怀，增强员工的参与感和归属感。此外，企业还应建立长效的沟通机制，定期向员工通报改进措施的实施情况和成效，鼓励员工继续积极参与企业管理和改进工作。通过这种持续改进和反馈的循环机制，企业能够不断提升员工的满意度和幸福感，为企业的长远发展奠定坚实的基础。

二、员工流失率

（一）员工流失率对企业发展的影响

员工流失率作为衡量企业员工队伍稳定性的关键指标，直观展现了企业在人才保留方面的成效。它不仅反映了员工对于企业当前工作环境、薪酬福利、职业发展等各方面的综合满意度，更是企业吸引力和内部管理体系健康状况的间接体现。高员工流失率不仅意味着企业需要不断投入资源于新员工招聘、培训及适应期成本，还可能导致技术流失、客户关系受损、团队士气下降等一系列连锁反应，对企业的长期发展和竞争力构成威胁。

（二）影响员工流失率的因素分析

员工流失率的形成是多重因素交织的结果。从宏观层面看，行业发展趋势、市场就业机会的增减都会影响员工的跳槽意愿。而在微观层面，企业内部环境则是决定性因素之一。薪酬福利体系的竞争力、职业发展路径的清晰度、工作环境的舒适度、企业文化的认同感、管理层的领导风格及员工关系的和谐程度等，均会对员工的忠诚度和留任意愿产生深远影响。特别是当员工感到自身价值和需求在企业中得不到充分认可和满足时，便容易萌生去意。

（三）降低员工流失率的策略与实践

针对员工流失问题，企业需从多个维度入手，构建全面的人才保留机制。首先，优化薪酬福利体系，确保员工收入与市场水平相匹配，并通过股权激励、绩效奖金等方式激发员工的积极性和归属感。其次，明确职业发展路径，为员工提供个性化的职业规划支持和成长机会，帮助其看到在企业内部的发展前景。同时，营造良好的工作氛围和企业文化，强化员工的团队意识和归属感，使之成为企业大家庭中不可或缺的一员。此外，加强员工关怀和沟通，关注员工工作生活中的实际困难和需求，及时提供帮助和支持，也是提升员工满意度和忠诚度的重要手段。

（四）员工流失率的长期监测与动态调整

员工流失率的管理是一个持续的过程，需要企业建立长期的监测机制和动态调整策略。企业应定期收集和分析员工流失数据，了解流失员工的特征和原因，及时发现并解决潜在的人才流失风险。同时，根据市场变化和企业发展情况，适时调整人才保留策略，确保其与企业的战略目标和发展需求保持一致。通过不断地监测和调整，企业可以逐步形成一套适应自身特点的人才保留体系，为企业的持续健康发展提供有力的人才保障。

三、员工培训与发展计划

（一）培训机会的多样性与针对性

在评估企业为员工提供的培训机会时，我们首先要关注的是其多样性与针对性。一个优秀的企业培训体系应当覆盖多个层次和领域，包括新员工入职培训、岗位技能培训、管理能力提升、领导力发展以及行业前沿知识学习等，以满足员工在不同职业发展阶段的需求。同时，培训内容应紧密结合企业实际和岗位要求，确保员工所学即所用，提升培训的针对性和实效性。通过多元化的培训方式，如线上课程、工作坊、研讨会、导师制度等，企业能够为员工提供更加灵活便捷的学习途径，激发员工的学习兴趣和积极性。

（二）职业发展规划的个性化与系统性

职业发展规划是员工成长与企业发展紧密相连的桥梁。企业应重视员工的职业发展规划，通过一对一的咨询、职业规划工作坊、职业路径图等工具，帮助员工明确个人职业目标，了解自身优劣势，并制订切实可行的职业发展计划。这一过程中，企业应充分考虑员工的个性特点、兴趣爱好、能力潜力以及企业发展需求，实现员工个人职业规划与企业战略目标的有机结合。同时，企业还应建立系统化的职业发展支持体系，包括岗位轮换、晋升机制、绩效激励等，为员工的职业发展提供有力保障。

（三）实施效果的评估与反馈

实施效果是衡量培训与发展计划成功与否的关键。企业应建立一套完善的评估机制，对培训项目的参与度、满意度、知识掌握程度以及行为改变等方面进行全面评估。通过定期收集员工的反馈意见，了解培训的实际效果和存在的问题，不断优化培训内容和方式。同时，企业还应关注员工在职业发展方面的进展和成果，如技能提升、职位晋升、绩效改善等，作为衡量职业发展计划实施效果的重要指标。通过持续的评估与反馈，企业能够及时调整和优化培训与发展计划，确保其与企业发展目标和员工个人需求保持高度一致。

（四）企业文化对培训与发展的支持作用

企业文化作为企业的灵魂和核心竞争力之一，对员工的培训与发展具有深远的影响。一个倡导学习、鼓励创新、重视人才发展的企业文化氛围，能够激发员工的学习热情和创造力，促进员工与企业共同成长。因此，在评估企业的员工培训与发展计划时，我们还应关注企业文化对培训与发展的支持作用。企业应积极营造开放包容、积极向上的文化氛围，为员工的培训与发展提供良好的环境和条件。同时，企业还应加强内部沟通与协作，促进知识共享和经验交流，为员工创造更多的学习和发展机会。

四、员工权益保护

（一）员工权益保护的基础价值

员工权益保护是企业社会责任的重要组成部分，也是构建健康劳动关系的基石。它强调企业应遵循法律法规，尊重并保护员工的基本权利，包括但不限于平等就业机会、无歧视政策、合理薪酬、安全健康的工作环境以及参与企业决策的权利等。员工权益的有效保护，不仅能够提升员工的满意度和忠诚度，促进企业内部和谐稳定，还能够增强企业的社会声誉和品牌形象，为企业的可持续发展奠定坚实基础。

（二）平等就业机会与无歧视政策

平等就业机会和无歧视政策是员工权益保护的核心内容之一。这意味着企业在招聘、录用、晋升、薪酬等各个环节中，应坚持公平公正的原则，不因性别、年龄、婚姻状况等因素而对员工产生任何形式的歧视。企业应建立健全的招聘流程和选拔标准，确保每位应聘者都有平等的机会展现自己的能力和才华。同时，企业还应加强员工培训和意识提升，营造包容、多元的企业文化氛围，让每位员工都能感受到尊重和平等。

（三）合理薪酬与福利保障

合理的薪酬和完善的福利保障体系是员工权益保护的重要体现。企业应根据市场薪酬水平和员工贡献程度，制定合理的薪酬标准，确保员工的劳动成果得到应有的回报。此外，企业还应提供多样化的福利项目，如社会保险、住房公积金、带薪休假、员工培训、健康检查等，以满足员工不同层次的需求，提高员工的生活质量和工作满意度。通过构建具有竞争力的薪酬和福利体系，企业能够吸引和留住优秀人才，为企业的长远发展提供有力支持。

（四）安全健康的工作环境

安全健康的工作环境是员工权益保护的基本要求。企业应严格遵守国家安全生产法律法规，建立健全的安全生产管理体系和应急救援预案，确保员工的人身安全和身体健康。企业应定期对生产设备进行维护和检查，消除安全隐患；加强员工的安全教育和培训，提高员工的安全意识和自我保护能力；同时，关注员工的心理健康问题，提供必要的心理咨询和辅导服务，帮助员工缓解工作压力和负面情绪。通过营造安全健康的工作环境，企业能够提升员工的工作效率和创造力，为企业的发展注入源源不断的动力。

（五）加强员工参与和沟通机制

加强员工参与和沟通机制是员工权益保护的重要途径。企业应建立健全的员工代表大会、工会等组织机构，为员工提供表达意见和诉求的渠道。企业应定期召开员工大会或座谈会，听取员工的意见和建议，及时解决员工关心的问题。同时，企业还应加强内部沟通机制建设，促进管理层与员工之间的信息交流和互动，增强员工的归属感和责任感。通过加强员工参与和沟通机制建设，企业能够形成更加民主、和谐的工作氛围，提升企业的凝聚力和向心力。

第二节　社区贡献与影响力指标

一、社区服务项目

（一）多元化服务项目满足社区需求

企业参与社区服务，首先体现在其提供的服务项目之多元化与广泛性上。这些项目不仅覆盖了教育援助、健康医疗、环境保护等基本民生领域，还拓展至文化推广、青少年成长指导、老年人关怀等多个层面，旨在全方位满足社区居民的不同需求。通过深入调研社区实际情况，企业能够精准定位服务方向，确保服务项目既贴合社区实际，又能够有效解决居民的实际问题。

（二）创新服务模式提升实施效果

在项目实施过程中，企业积极创新服务模式，以改善服务效果和社会影响力。一方面，通过引入数字化、智能化手段，如在线教育平台、远程医疗服务等，打破时间与空间的限制，使服务更加便捷高效。另一方面，企业注重与社区组织、非营利机构等多方合作，形成资源共享、优势互补的服务网络，共同推动社区服务的深入开展。此外，企业还通过建立反馈机制，及时收集居民意见与建议，不断优化服务流程与内容，确保服务效果最大化。

（三）长期投入与可持续发展战略

企业参与社区服务并非一蹴而就，而是需要长期的投入与坚持。企业将其视为履行社会责任、塑造品牌形象的重要途径，制订了一系列可持续发展的战略规划。这些规划包括逐年增加服务项目、提升服务质量、加强人才培养与团队建设等方面，以确保社区服务工作的持续性和稳定性。同时，企业还注重与当地政府和社区组织保持紧密沟通与合作，共同探索符合社区特点的服务模式和发展路径。

（四）社会效益与企业价值共赢

企业参与社区服务不仅能为社区居民带来实实在在的帮助与福祉，也能为企业自身带来丰厚的回报。通过参与社区服务，企业能够提升品牌知名度和美誉度，增强消费者对企业产品和服务的认同感与忠诚度。同时，社区服务项目也为企业员工提供了实践社会责任、实现个人价值的平台，增强了企业的凝聚力和向心力。更重要的是，通过解决社会问题、推动社会进步，企业能够实现与社会的和谐共生与共赢发展。这种基于社会效益的企业价值创造模式，正成为越来越多企业的共识与追求。

二、慈善捐赠

（一）慈善捐赠的深远意义

慈善捐赠作为企业社会责任的重要体现，不仅是对社会弱势群体的关爱与支持，更是企业回馈社会、促进社会和谐发展的重要途径。它超越了简单的经济行为，蕴含着深厚的道德情怀与社会责任感。通过捐赠，企业不仅能够直接改善受助者的生活状况，还能激发社会各界对公益事业的关注与参与，形成积极向上的社会风气，推动社会整体福祉的提升。

（二）捐赠对象的精准定位

在捐赠对象的选择上，企业越来越注重精准定位与需求匹配。从传统的教育、扶贫、救灾等领域，逐渐扩展到医疗、环保、文化、科技创新等多个方面，力求将每一份爱心都送到最需要的地方。例如，针对偏远山区的儿童，企业会捐赠图书、学习用品及建立希望小学，助力他们接受更好的教育；面对自然灾害，企业会迅速响应，提供紧急救援物资与资金支持，帮助受灾群众渡过难关。这种精准化的捐赠策略，有效提升了慈善资源的利用效率，确保了捐赠效果的最大化。

（三）捐赠方式的创新实践

在捐赠方式上，企业也在不断探索与创新。除了传统的直接捐赠现金、物资外，还涌现出了公益项目合作、志愿服务、技术支持等多种新型捐赠模式。例如，一些企业会与公益组织合作，共同发起并实施具有影响力的公益项目，通过整合资源、优势互补，实现公益效益的最大化；同时，鼓励员工参与志愿服务活动，将企业的社会责任理念融入员工的日常行为中，形成全员参与的良好氛围。此外，还有企业利用自身技术优势，为公益项目提供技术支持与解决方案，如开发公益 APP、建立在线捐赠平台等，拓宽慈善捐赠的渠道与方式，让更多人能够便捷地参与到慈善事业中来。

企业对慈善事业的捐赠不仅体现在金额的持续增长上，更在于捐赠对象的精准定位与捐赠方式的不断创新。这些努力不仅为受助者带来了实实在在的帮助，也为企业自身树立了良好的社会形象，增强了品牌影响力和市场竞争力。未来，随着社会的进步和企业的发展，我们有理由相信，慈善捐赠将成为更多企业履行社会责任、促进社会和谐发展的重要方式。

三、社区关系管理

（一）构建企业与社区的沟通桥梁

社区关系管理是企业社会责任的重要组成部分，而构建有效的沟通机制则是实现良好社区关系的前提。企业应主动建立与社区各界的沟通，包括政府部门、居民代表、非营利组织等，通过定期举办座谈会、社区活动等形式，加强彼此之间的了解与信任。这种开放、透明的沟通方式不仅有助于企业及时获取社区的意见和需求，为决策提供有力依据，还能让社区居民感受到企业的诚意与责任，为和谐社区的建设贡献力量。

（二）提升企业的社区参与度

社区参与度是衡量企业履行社会责任、融入社区生活的重要标志。企业应积极参与社区的各项公益活动，如环境保护、教育支持、扶贫济困等，以实际行动回馈社会，展现企业的良好形象。同时，企业还可以结合自身优势，为社区提供专业服务或技术支持，帮助解决社区面临的实际问题。这种深度参与不仅有助于提升企业的社会影响力，还能促进企业与社区之间的深度融合，共同推动社区的繁荣发展。

（三）有效处理社区反馈与投诉

接收社区反馈与投诉是企业了解自身不足、改进服务的重要途径。企业应建立健全的社区反馈处理机制，确保能够及时、准确地收集并处理来自社区的各类意见和建议。对于合理的反馈和投诉，企业应迅速响应，积极采取措施加以解决，并向社区公开处理结果，以赢得社区的信任和支持。同时，企业还应加强对员工的培训和教育，提高他们处理社区关系的能力和水平，确保每一位员工都能成为企业与社区之间的友好使者。

（四）推动企业与社区的共同繁荣

社区关系管理的最终目标是实现企业与社区的共同繁荣。企业应将自身发展与社区福祉紧密结合起来，通过产业带动、就业创造、税收贡献等方式，为社区经济发展注入新的活力。同时，企业还应积极倡导绿色低碳的生产方式和生活方式，为社区生态环境保护贡献力量。通过这些努力，企业不仅能够提升自身的经济效益和社会影响力，还能为社区居民创造更加美好的生活环境，实现企业与社区的双赢发展。在这个过程中，企业需要不断创新和探索适合自身特点和社区需求的管理模式和方法，以更加灵活、高效的方式推进社区关系管理工作。

四、环保公益活动

（一）环保公益活动的开展

从植树造林、河流清理到垃圾分类宣传、节能减排推广，企业不断策划并实施多样化的环保活动，旨在唤起公众对环境保护的关注与行动。这些活动不仅数量众多，而且覆盖范围广，从城市到乡村，从校园到社区，都能看到企业致力于环保公益的身影。通过高频次的活动开展，企业有效提升了公众对环保问题的认识，促进了环保意识的普及。

（二）广泛动员与公众参与

在环保公益活动中，企业充分发挥其组织优势，广泛动员员工、合作伙伴及社会各界人士参与进来。通过线上线下的宣传动员，企业成功吸引大量志愿者的加入，形成强大的环保力量。参与人数的不断增加，不仅壮大了环保公益活动的声势，也提高了活动的执行效率和影响力。同时，企业还注重培养员工的环保责任感，鼓励他们在日常生活中践行绿色理念，成为环保行动的倡导者和实践者。

（三）环境改善效果的显著体现

企业环保公益活动的实施，带来了显著的环境改善效果。通过植树造林活动，企业为地球增添了绿色，提高了森林覆盖率，有助于改善空气质量、保持水土、维护生物多样性。河流清理行动则有效减少了水体污染，恢复了河流的自然生态，保障了水资源的清洁与安全。此外，垃圾分类宣传和节能减排推广等活动，也促进了资源的高效利用和循环经济的发展，减少了环境污染和生态破坏。这些环境改善效果的实现，离不开企业的持续努力和公众的广泛参与。

（四）环保公益与企业可持续发展的深度融合

企业组织或参与环保公益活动，不仅是对社会责任的履行，更是与企业自身可持续发展的深度融合。通过环保公益活动，企业能够树立良好的社会形象，提升品牌价值和市场竞争力。同时，环保理念的融入也促使企业在生产经营过程中更加注重节能减排、资源循环利用和生态环境保护，推动企业向绿色、低碳、循环的发展模式转变。这种深度融合不仅有助于企业的长远发展，也为社会的可持续发展贡献了力量。因此，企业应将环保公益活动视为其发展战略的重要组成部分，持续加大投入力度，推动环保事业不断向前发展。

五、社会影响力评估

（一）社会舆论的正向反馈

企业在社区中的形象和影响力，首先体现在社会舆论的反馈上。当企业积极履行社会责任，参与公益事业，其正面行为往往会引发社会各界的广泛赞誉与好评。媒体、社交平台及公众舆论中，企业被描绘为具有社会责任感、关爱社区发展的典范。这种正向反馈不仅增强了企业的社会声誉，也为企业赢得了更多消费者的信任与支持。在消费者心中，这样的企业不仅提供产品和服务，更是社会进步的推动者，从而进一步巩固了企业的市场地位。

（二）媒体报道的深度剖析

媒体作为信息传播的重要渠道，对企业在社区中的形象和影响力有着深远的影响。当企业的慈善行为、环保举措或创新实践成为媒体报道的焦点时，这些报道往往会对企业的理念、行动及成效进行深度剖析和广泛传播。媒体通过客观、公正的报道，不仅展现了企业的正面形象，还引导公众关注企业背后的故事与价值观，增强了企业的社会认知度和认同感。同时，媒体的持续关注与报道，也为企业提供了展示自我、提升品牌价值的宝贵机会。

(三) 社区互动的紧密程度

企业在社区中的形象和影响力，还体现在其与社区成员的互动紧密程度上。一个积极融入社区、与居民建立良好关系的企业，往往能够获得更高的社区认同感和归属感。企业通过组织社区活动、参与社区治理、解决社区问题等方式，与居民建立起了深厚的情感联系。这种紧密的互动关系，不仅有助于企业了解社区需求、优化服务方案，还能够在关键时刻获得社区的支持与帮助。同时，企业的积极作为也激发了社区居民的参与热情，促进了社区的整体发展与繁荣。

(四) 持续影响力的构建与维护

企业在社区中的形象和影响力的形成并非一蹴而就，而是需要长期积累与精心维护的。为了构建持续的影响力，企业需要保持对社会责任的持续关注与投入，不断创新公益模式、提升服务质量，以满足社区日益增长的多元化需求。同时，企业还需要加强与政府、媒体、非政府组织等社会各界的沟通与合作，共同推动社会公益事业的发展。此外，企业还应注重自身形象的塑造与传播，通过品牌故事、企业文化等软性手段，提升公众对企业的认知度与好感度。只有这样，企业才能在社区中树立起稳固而持久的正面形象，实现经济效益与社会效益的双赢。

第三节 消费者权益保护指标

一、产品质量与安全

(一) 产品质量的核心地位

在竞争激烈的市场环境中，产品质量是企业生存与发展的基石。它不仅关乎企业的品牌形象和市场声誉，更是企业赢得消费者信任、保持长期竞争力的关键所在。因此，确保产品质量符合国家及行业标准，无安全隐患，是企业不可推卸的责任和使命。这要求企业在产品研发、生产、检测等各个环节中，始终将质量放在首位，严格把控每一个细节，确保产品性能的稳定性和可靠性。

（二）严格遵循标准与规范

为了确保产品质量，企业必须严格遵循国家及行业制定的相关标准和规范。这些标准和规范是产品质量评价的基准，也是企业生产过程中必须遵守的准则。企业应建立健全的质量管理体系，明确各级人员的质量职责和权限，确保从原材料采购、生产加工到成品检验的每一个环节都符合标准要求。同时，企业还应加强对供应商的管理，确保所采购的原材料和零部件质量可靠，为生产高质量的产品奠定坚实基础。

（三）强化质量控制与检测

质量控制与检测是确保产品质量的重要手段。企业应建立完善的质量控制体系，采用先进的检测技术和设备，对原材料、半成品和成品进行严格的检测和把关。通过定期抽检、全检等方式，及时发现并纠正生产过程中的质量问题，防止不合格产品流入市场。此外，企业还应加强对生产过程的监控和管理，确保生产环境的清洁、卫生和有序，为生产高质量的产品提供有力保障。

（四）注重持续改进与创新

产品质量并非一成不变，随着市场需求的不断变化和技术的不断进步，企业需要不断对产品进行改进和创新，以满足消费者日益增长的品质需求。因此，企业应建立持续改进机制，鼓励员工提出改进意见和建议，不断优化生产流程和工艺，提高产品性能和质量水平。同时，企业还应加大研发投入，引进先进技术和管理经验，推动产品创新和技术升级，为市场提供更加优质、安全、环保的产品。

（五）强化质量意识与文化

质量意识是企业文化的重要组成部分。企业应通过培训、宣传等方式，强化员工的质量意识，让每一位员工都深刻认识到产品质量的重要性，并将质量意识融入到日常工作中。同时，企业还应营造积极向上的质量文化氛围，鼓励员工追求卓越品质，共同推动企业产品质量的不断提升。这种以质量为核心的企业文化将成为企业持续发展的强大动力。

二、售后服务质量

（一）响应速度的迅捷性

在售后服务领域，响应速度是衡量服务质量的首要标尺。一个高效的服务体系，能够确保客户在遇到问题时，第一时间得到反馈与解决。这要求企业建立起完善的客服机制，包括24小时在线客服、快速响应热线以及智能客服系统等多渠道接入方式，确保无论何时何地，客户的求助都能被迅速捕捉并处理。通过优化内部流程，缩短信息传递时间，实现问题从接收到响应的无缝衔接，让客户感受到被重视与尊重，从而提升整体满意度。

（二）处理效率的专业与高效

处理效率不仅关乎速度，更在于解决问题的专业性和彻底性。售后服务团队需具备扎实的专业知识和丰富的实践经验，能够准确判断问题所在，提供科学合理的解决方案。同时，通过引入先进的CRM系统，实现客户问题跟踪管理，确保每个问题都有明确的处理进度和责任人，避免推诿扯皮现象。此外，建立高效的内部协作机制，促进跨部门沟通，加快问题解决流程，让客户感受到服务的专业与高效，增强信任感。

（三）客户满意度的深度构建

客户满意度是衡量售后服务质量的最终标准。企业需将客户满意度作为服务工作的核心，从客户需求出发，不断优化服务流程，提升服务质量。

通过定期收集客户反馈,分析服务中的不足与亮点,及时调整服务策略,确保服务始终贴近客户期望。同时,注重个性化服务,针对不同客户的特定需求,提供定制化解决方案,让客户感受到贴心。此外,建立客户忠诚度计划,通过积分兑换、会员特权等方式,增强客户黏性,促进口碑传播,进一步提升客户满意度和品牌形象。

(四)持续改进与创新的驱动力

在快速变化的市场环境中,售后服务质量的提升是一个持续不断的过程。企业需要保持敏锐的市场洞察力,紧跟行业发展趋势,不断引入新技术、新方法,提升服务效率和质量。同时,建立服务质量监控体系,定期对服务过程进行复盘与评估,识别潜在问题,制订改进措施。鼓励员工提出创新建议,激发团队活力,推动服务模式的创新与升级。通过持续改进与创新,企业能够不断提升售后服务质量,满足客户日益增长的多元化需求,赢得市场竞争的主动权。

售后服务质量的提升是一个系统工程,需要企业在响应速度、处理效率、客户满意度以及持续改进与创新等多个方面共同努力。只有不断追求卓越,才能赢得客户的信赖与支持,实现企业的可持续发展。

三、消费者权益保障政策

(一)明确而灵活的退换货政策

在消费者权益保障体系中,退换货政策是至关重要的一环。企业制定清晰、透明且灵活的退换货政策,旨在为消费者提供无忧的购物体验。明确规定退换货的条件、流程及时限,确保消费者在收到商品后,如有任何不满意或质量问题,都能迅速且便捷地享受到相应的服务。同时,充分考虑不同商品特性和消费者需求,设置差异化的退换货条款,既保障消费者的合法权益,又避免不必要的资源浪费。此外,企业还通过优化退换货流程，如提供上门取件、快速退款等服务，进一步提升消费者的满意度和忠诚度。

（二）严格的数据隐私保护政策

随着数字化时代的到来，消费者数据隐私保护成为企业不可忽视的责任。企业深知隐私保护的重要性，因此制定了严格的数据隐私保护政策，详细阐述对消费者个人信息的收集、使用、存储及分享的原则和措施，确保所有操作均符合相关法律法规的要求。未经消费者明确同意，绝不会将消费者的个人信息泄露给第三方，更不会将其用于任何非法或未经授权的目的。同时，企业采用先进的数据加密技术和安全防护措施，确保消费者数据在传输和存储过程中的安全性和完整性。此外，企业还应设立专门的隐私保护团队，负责监督政策执行情况，及时响应消费者的隐私投诉和疑虑。

（三）强化消费者权益教育与宣传

除了制定和执行具体的保障政策外，企业还注重加强消费者权益教育与宣传工作，利用企业官网、社交媒体、客服热线等多种渠道，向消费者普及消费知识、维权途径及注意事项，帮助消费者提高自我保护意识和能力。同时，还定期发布消费者权益保护相关的资讯和报告，引导消费者理性消费、依法维权。通过这些努力，企业旨在构建一个更加公平、透明、和谐的消费环境，让每一位消费者都能有安全、放心的购物体验。

（四）持续优化服务体验与反馈机制

消费者权益保障是一个持续的过程，需要企业不断优化服务体验和反馈机制。当消费者遇到问题时，可以通过电话、邮件、在线聊天等多种方式与企业取得联系。同时，企业还鼓励消费者提出宝贵的意见和建议，通过设立意见箱、开展满意度调查等方式收集消费者反馈，以便企业不断改进产品和服务质量。通过这些措施的实施，企业致力于为消费者提供更加贴心、高效、满意的服务体验。

四、消费者投诉处理机制

（一）消费者投诉处理机制的重要性

在当今竞争激烈的市场环境中，消费者投诉处理机制不仅是企业维护品牌形象、保障消费者权益的重要手段，更是企业实现可持续发展、增强市场竞争力的关键环节。健全、高效的消费者投诉处理机制，能够确保消费者的声音被及时听见、合理诉求得到有效解决，从而增强消费者对品牌的信任度和忠诚度，为企业赢得良好的口碑。

（二）投诉渠道的多元化与便捷性

为了确保消费者投诉能够顺利传达至企业，企业应提供多元化的投诉渠道，如客服热线、官方网站、社交媒体平台等，并确保这些渠道畅通无阻、易于操作。同时，企业还应注重提升投诉处理的便捷性，如设置自助查询系统、简化投诉流程等，以减少消费者的等待时间和不满情绪。

（三）投诉处理的及时性与专业性

当消费者投诉被接收后，企业应迅速响应，确保投诉得到及时处理。这要求企业建立快速响应机制，明确各环节的职责和时限，确保投诉信息能够迅速传递至相关部门和人员。同时，企业还应配备专业的投诉处理团队，他们应具备良好的沟通技巧、法律知识和业务能力，能够准确理解消费者的诉求，提供合理的解决方案，并确保处理过程公正、透明。

（四）投诉反馈与闭环管理

在投诉处理过程中，企业应注重与消费者的沟通与反馈。对于消费者的每一个投诉，企业都应给予认真对待和及时回复，告知处理进展和结果。同时，企业还应建立投诉闭环管理机制，对投诉处理过程进行全程跟踪和记录，确保问题得到彻底解决，防止类似问题再次发生。此外，企业还应定期对投诉数据进行统计和分析，发现潜在的问题和改进点，为提升产品和服务质量提供有力支持。

（五）持续改进与消费者教育

消费者投诉处理机制并非一成不变，随着市场环境和消费者需求的变化，企业需要不断对其进行优化和完善。企业应建立持续改进机制，对投诉处理流程、效率和质量进行定期评估和调整，以适应市场需求的变化。同时，企业还应加强消费者教育，提高消费者的维权意识和自我保护能力，引导他们合理表达诉求、理性维权。通过这些措施的实施，企业可以进一步巩固与消费者之间的良好关系，提升品牌形象和市场竞争力。

五、消费者满意度调查

（一）构建全面调查体系

为确保对消费者满意度的深入了解，企业应构建一套全面而系统的调查体系。这包括明确调查目标、设计科学合理的问卷内容、选择合适的调查方式（如在线调查、电话访问、面对面访谈等）以及设定合理的调查周期。问卷设计需覆盖产品性能、使用体验、服务质量、售后服务等多个维度，确保能够全面捕捉消费者的真实感受与反馈。同时，调查样本应具有代表性，能够反映不同消费群体、地域、年龄层次的需求与偏好。

（二）深度挖掘消费者心声

在消费者满意度调查中，不仅要收集量化的评分数据，更要注重深入挖掘消费者的内心感受与真实需求。通过开放式问题、情感分析技术等手段，了解消费者对产品及服务的具体评价、改进建议以及未来期望。这些宝贵的反馈信息，对于企业优化产品设计、提升服务质量、制订市场策略具有重要意义。企业应将消费者的声音视为宝贵的资源，认真对待每一条反馈，积极寻找改进的方向与途径。

（三）数据分析与洞察应用

收集到的消费者满意度数据，需经过科学严谨的分析处理，才能转化为有价值的依据。企业应运用先进的数据分析工具和方法，对收集到的数据进行清洗、整理、归类和统计分析，挖掘数据背后的规律与趋势。通过分析消费者对不同维度评价的分布情况、变化趋势以及相互关联性，企业可以清晰地看到自身在市场竞争中的优势与不足，为后续的改进与创新提供有力支持。同时，将分析结果转化为实际行动计划，推动产品与服务的持续优化升级。

（四）建立反馈与改进机制

消费者满意度调查的目的在于发现问题、解决问题并不断提升消费者的满意度与忠诚度。因此，企业应建立一套有效的反馈与改进机制，确保消费者的反馈能够及时传达给相关部门并得到妥善处理。这包括设立专门的反馈渠道、明确责任人与处理流程、设定反馈处理时限以及建立跟踪回访机制等。同时，企业应将消费者的反馈作为内部考核的重要指标之一，激励员工积极参与改进工作，形成全员关注消费者满意度的良好氛围。通过持续的改进与创新，企业能够不断提升自身的竞争力与品牌形象，赢得更多消费者的信任与支持。

定期进行消费者满意度调查是企业了解市场动态、优化产品与服务的重要手段。通过构建全面调查体系、深度挖掘消费者心声、数据分析与洞察应用以及建立反馈与改进机制等措施，企业可以更加精准地把握消费者的需求与期望，为自身的发展注入源源不断的动力。

第四节　供应链社会责任指标

一、供应链透明度

（一）供应链透明度的重要性

在当今全球化的商业环境中，供应链的复杂性日益增加，涉及多个环节、多个国家和地区。提高供应链的透明度，不仅是企业履行社会责任、增强消费者信任的关键举措，也是企业应对风险、优化运营、提升竞争力的必然要求。通过增强供应链的可见性和可追溯性，企业能够更好地管理供应链中的各个环节，确保产品质量、安全以及环境和社会责任的落实。

（二）建立信息共享平台

为了实现供应链的透明度，企业应建立高效的信息共享平台，确保供应链各环节之间的信息流通畅通无阻。这一平台应集成供应链管理系统、物流跟踪系统、质量追溯系统等多个模块，实现数据的实时采集、处理和共享。通过该平台，企业可以清晰地掌握原材料来源、生产过程、物流运输等关键信息，为决策提供有力支持。

（三）强化供应商管理

供应商是供应链的重要组成部分，其管理水平直接影响到供应链的透明度和整体效能。企业应建立严格的供应商准入和评估机制，对供应商的资质、能力、信誉等进行全面考察。同时，企业应加强与供应商的沟通与协作，推动供应商提升其管理水平和透明度，共同构建安全、可靠、高效的供应链体系。此外，企业还应定期对供应商进行绩效评估，对表现不佳的供应商进行整改或淘汰，确保供应链的持续优化和升级。

（四）实现产品可追溯性

产品可追溯性是供应链透明度的重要体现。企业应建立完善的产品追溯体系，确保产品的每一环节都可以被追溯和验证。这要求企业在产品设计、生产、包装、运输等各个环节中嵌入唯一的识别码或追溯码，并通过信息共享平台实现数据的互联互通。当消费者或监管部门需要查询产品信息时，只需输入相应的识别码或追溯码，即可快速获取产品的全链条信息。这种可追溯性不仅有助于提升产品的安全性和质量保障水平，还能增强消费者对品牌的信任度和忠诚度。

（五）推动技术创新与标准建设

提高供应链的透明度需要不断的技术创新和标准建设作为支撑。企业应积极引入先进的物联网、大数据、区块链等技术手段，提升供应链的智能化水平和信息处理能力。同时，企业还应积极参与行业标准的制定和推广工作，推动建立统一的供应链透明度标准和评价体系。这些标准和体系的建立将有助于规范供应链管理行为、提升行业整体水平、促进供应链的可持续发展。

二、供应商培训与监督

（一）强化供应商社会责任意识

在当今全球化的商业环境中，企业的社会责任不仅关乎自身形象与可持续发展，也深刻影响着整个供应链的生态健康。因此，对供应商进行社会责任培训成为企业不可或缺的一环。培训内容应涵盖环境保护、员工权益、道德采购、反腐败等多个方面，旨在提升供应商对社会责任的认知与重视程度。通过专家讲座、在线课程、交流研讨会等多种形式，确保供应商能够深入理解并内化这些理念，将其融入日常经营活动中，共同构建负责任的供应链体系。

（二）定制化培训方案与效果评估

鉴于不同供应商在行业特点、企业规模、管理水平等方面存在差异，企业应制订个性化的培训方案，以满足其特定需求。培训前应进行充分的调研与需求分析，确保培训内容贴近实际、针对性强。同时，培训后需通过考试、问卷调查、现场检查等方式对培训效果进行评估，确保供应商真正掌握了相关知识并能在实践中加以运用。对于表现优异的供应商给予表彰与激励，对于存在问题的供应商则提供进一步的指导与帮助，形成良性循环。

（三）建立社会责任监督机制

为确保供应商持续履行社会责任，企业应建立健全的监督机制。这包括定期的社会责任审核、不定期的现场检查以及基于大数据的远程监控等手段。通过这些方式，企业可以全面了解供应商在社会责任方面的表现情况，及时发现并纠正存在的问题。同时，建立投诉与举报渠道，鼓励员工、消费者及社会各界共同参与监督，形成多方共治的良好局面。对于严重违反社会责任原则的供应商，企业应采取果断措施，如取消合作资格、公开曝光等，以维护供应链的纯洁性与可持续性。

（四）推动供应链社会责任文化建设

企业应将社会责任视为供应链文化的重要组成部分，通过持续的宣传与引导，推动供应链上下游企业共同树立社会责任意识。这包括举办社会责任论坛、分享最佳实践、建立社会责任联盟等方式，促进供应链成员之间的交流与合作。同时，鼓励供应商之间开展社会责任竞赛与评比活动，激发其内在动力与创造力，共同推动供应链社会责任文化的繁荣发展。通过这一系列努力，企业不仅能够提升自身及供应链的整体竞争力与品牌形象，还能为社会的可持续发展贡献积极力量。

三、供应链风险管理

（一）社会责任风险的识别机制

在供应链风险管理中，社会责任风险的识别是首要且持续性的任务。这要求企业建立一套全面而细致的风险评估体系，涵盖从原材料采购、生产制造到产品销售的每一个环节。通过定期审查供应商的社会责任表现，包括员工权益保护、工作条件、健康安全、环境保护措施及合规性等方面，企业能够及时发现潜在的风险点。利用大数据和人工智能技术，对供应链数据进行深度挖掘与分析，能够更精准地识别出潜在的社会责任风险，如是否存在雇佣童工、工人权益被侵犯、超标排放等现象。同时，建立开放的沟通渠道，鼓励员工、消费者及第三方机构反馈供应链中的社会问题，也是不可或缺的一环。

（二）环境污染防控与绿色供应链

环境污染是供应链面临的另一重大社会责任风险。企业应积极采取环保措施，推动绿色供应链建设。这包括优化产品设计，减少资源消耗和废弃物产生；采用清洁生产技术，降低生产过程中的污染物排放；加强废弃物管理和回收利用，实现资源的循环利用。在供应商选择与管理中，将环保绩效作为重要考量因素，鼓励并支持供应商实施节能减排、绿色生产。同时，企业还应建立环境风险预警系统，对供应链中的环境风险进行实时监控和评估，确保及时采取有效措施应对潜在的环境污染问题。

（三）持续监督与改进机制

供应链社会责任风险的管理不是一次性的任务，而是一个持续不断的过程。因此，建立有效的持续监督与改进机制至关重要。企业应定期对供应链的社会责任表现进行全面评估，识别存在的问题和不足，并制订相应的改进措施。通过设立专门的监督部门或委托第三方机构进行独立审核，确保评估的公正性和客观性。同时，建立激励机制，对在社会责任方面表现突出的供应商给予奖励和支持，激励整个供应链不断提升社会责任水平。此外，企业还应保持对国际社会责任标准和发展趋势的关注，及时调整和完善自身的社会责任管理体系，以适应不断变化的市场需求和社会期望。

四、供应链合作与共赢

（一）构建稳固供应链联盟

在快速变化的商业环境中，构建稳固的供应链联盟是实现共赢的基石。企业应致力于与供应商建立基于信任与尊重的长期合作关系，通过共享市场信息、预测趋势及协同规划库存与产能,确保供应链的灵活性和韧性。双方共同制订可持续发展目标,将环保、社会责任融入采购决策,推动整个供应链向更加绿色、高效的方向发展。通过定期的沟通与评估机制,不断优化合作流程,解决潜在问题,确保供应链的稳定性和竞争力。

(二)深化社会责任共识

社会责任的履行不仅关乎企业自身形象,更是供应链合作中不可或缺的一环。企业应积极倡导并实践社会责任原则,鼓励供应商采取负责任的生产方式,如遵守劳动法规、保障工人权益、减少环境污染等。通过组织培训、研讨会等形式,加强与供应商的社会责任交流,深化共识,共同提升供应链的社会责任感。同时,设立激励机制,对在社会责任方面表现突出的供应商给予表彰和奖励,激发整个供应链的积极性和创造力。

(三)创新驱动共赢发展

创新是推动供应链合作与共赢的关键动力。企业应鼓励供应商在技术创新、产品优化、流程改进等方面不断探索与尝试,共同推动供应链的整体升级。通过设立联合研发项目、共享技术资源、交流创新经验等方式,促进供应链内部的知识共享与协同创新。同时,关注市场新趋势、新技术的发展,及时调整供应链策略,确保在快速变化的市场环境中保持领先地位。通过创新合作,实现成本降低、效率提升、产品差异化等目标,为双方创造更大的价值空间。

(四)风险共担与利益共享

在供应链合作中,风险共担与利益共享是实现长期共赢的重要保障。企业与供应商建立风险共担机制,面对市场波动、供应链中断等挑战时,双方能够携手应对,共同寻找解决方案。通过加强信息共享、建立应急响应机制等方式,提高供应链的抗风险能力。同时,坚持公平合理的利益分配原则,确保供应链各环节的合作伙伴都能获得合理的回报。通过构建利益共同体,增强供应链的凝聚力和稳定性,为双方的长远发展奠定坚实基础。

第五节　社会绩效综合评价方法

一、利益相关者分析法

（一）利益相关者识别与界定

利益相关者分析法作为企业社会责任与绩效评估的重要工具，首要步骤在于全面而细致地识别并界定企业的各类利益相关者。这些利益相关者包括但不限于股东、员工、客户、供应商、政府、社区、媒体、非政府组织及环境本身。每一类利益相关者都因其与企业之间的特定关系而拥有不同的利益诉求和期望，这些诉求和期望的满足程度直接关联到企业社会绩效的高低。

（二）需求与期望的深度剖析

在明确了利益相关者的范围后，深入分析各群体的具体需求和期望成为关键。股东期望企业实现可持续的财务增长与回报；员工则关注工作环境的安全、职业发展的机会以及合理的薪酬福利；客户追求高质量的产品与服务体验，同时日益重视企业的社会责任感和环保表现；供应商则希望建立长期稳定的合作关系，并期望企业在供应链管理中做到公平与透明；政府关注企业的合法合规经营，对税收贡献及促进就业的贡献尤为看重；社区则期望企业能成为推动地方经济发展、改善社区环境、参与公益活动的积极力量；媒体与非政府组织则作为公众利益的守护者，密切关注企业的社会行为，倡导企业承担更多社会责任；而环境作为所有生命体赖以生存的基础，其健康状态要求企业在生产经营中采取环保措施，减少污染，实现绿色发展。

（三）综合评估与策略制订

基于对各利益相关者需求和期望的深入理解，企业需进行综合评估，衡量自身在满足这些需求方面的表现。这一过程不仅涉及财务绩效的考量，更涵盖了环境、社会、治理（ESG）等多维度指标的评估。通过对比行业标杆、历史数据以及利益相关者的反馈，企业能够清晰地认识到自身的优势与不足，进而制订有针对性的改进策略。这些策略可能包括优化供应链管理，提升产品环保性能，加强员工权益保护，深化社区参与，以及提高信息披露透明度等，旨在全面提升企业的社会绩效，实现与各利益相关者的共赢。

（四）持续沟通与反馈循环

利益相关者分析法的有效实施离不开企业与各利益相关群体之间的持续沟通与反馈。企业应建立多渠道的沟通机制，确保信息的双向流通，及时了解利益相关者的最新需求和期望变化，并据此调整策略与行动。同时，企业还应积极回应利益相关者的关切，通过定期报告、公开会议、社交媒体互动等方式，分享企业在社会责任领域的实践与成果，增强透明度与信任度。这种持续的沟通与反馈循环不仅有助于企业不断优化社会绩效，还能促进企业与各利益相关者之间建立更加稳固的合作关系，共同推动社会的可持续发展。

二、社会责任报告审计

（一）审计目的与重要性

社会责任报告审计旨在通过对企业公开发布的社会责任报告进行全面、深入的审查，验证其内容的真实性、准确性及完整性，以增强企业社会责任实践的透明度。这一过程不仅是对企业自我声明的校验，更是推动企业持续改进社会责任管理、提升品牌形象、促进可持续发展的关键环节。在全球化背景下，社会责任已成为衡量企业综合竞争力的重要指标，因此，高质量的审计对于保障信息质量、维护市场秩序、促进经济社会和谐发展具有重要意义。

（二）审计范围与方法

社会责任报告审计的范围广泛，涵盖了企业在经济、环境、社会及治理（EESG）四个维度上的所有重大事项。经济方面，关注企业的财务状况、盈利能力及对股东的责任；环境方面，评估企业的环境管理政策、节能减排措施及资源利用效率；社会方面，审视企业在员工权益保护、供应链管理、社区参与及消费者权益保护等方面的表现；治理方面，则关注企业的治理结构、风险管理、反腐败政策及透明度建设。

审计方法上，采用定量分析与定性评估相结合的方式。通过收集并分析企业年度报告、环境报告、社会责任政策文件等一手资料，结合现场访谈、问卷调查、数据分析等手段，对企业社会责任实践进行全面评估。同时，运用专业审计工具和标准，如国际标准化组织（ISO）的相关标准、全球报告倡议组织（GRI）指南等，确保审计过程的科学性和规范性。

（三）关键审计要点

在社会责任报告审计的过程中，要尤为关注几个核心方面，以确保审计工作的全面性和深度。首先，应聚焦于数据的真实性与可靠性，通过严格的验证程序，确保报告中披露的每一项数据都来源于可靠渠道，并真实反映了企业的运营状况和社会责任实践成果。这不仅是对企业诚信的考验，更是对公众信任的维护。其次，深入评估企业政策与承诺的执行情况，审视企业是否将社会责任理念融入日常运营中，是否制订了切实可行的措施，并真正付诸实践。关注企业在环境保护、劳工权益、供应链管理等方面的具体行动，以及这些行动是否达到了预期的效果。通过这一环节的审计，能够揭示企业在社会责任实践中的真实表现，为公众提供有价值的参考信息。

此外，还要特别关注企业的风险管理与持续改进机制，评估企业是否具备识别、评估和管理社会责任风险的能力，是否建立了有效的监测和反馈系统，以及是否根据审计结果和利益相关方的反馈不断优化自身的社会责任实践。这些方面的表现，不仅反映了企业的管理水平和治理能力，也预示着企业未来的可持续发展潜力。

社会责任报告审计的结果，不仅是对企业过去一年社会责任实践的总结和评价，更是对企业未来发展的指导和鞭策。通过审计，企业能够清晰地认识到自身在社会责任领域的优势和不足，明确未来的改进方向和目标。同时，审计结果的公开透明，也有助于提升企业的社会形象和品牌价值，增强公众对企业的信任和支持。此外，审计结果还可以为政府、行业协会等监管机构提供重要的参考依据，促进整个行业社会责任水平的提升和可持续发展目标的实现。

（四）审计结果应用与影响

社会责任报告审计的结果不仅是对企业当前社会责任实践的总结，更是推动企业未来发展的重要指引。审计报告中提出的建议和改进措施，有助于企业识别自身在社会责任领域的优势与不足，明确改进方向。同时，审计结果的公开透明，也为企业与利益相关者之间搭建了沟通的桥梁，增强了双方的信任与合作。此外，政府部门、行业协会及社会公众可依据审计结果，对企业进行差异化监管、政策扶持或消费选择，从而引导企业更加积极地履行社会责任，推动整个社会的可持续发展。

三、社会绩效指标评分法

（一）社会绩效指标体系构建

社会绩效指标评分法的首要任务是构建一个全面而科学的社会绩效指标体系。这一体系需涵盖企业社会责任的各个方面。每项指标都应具有明确的定义、衡量标准和数据来源，以确保评分的客观性和可比性。

（二）评分标准制定与量化

在制定评分标准时，要遵循公正、透明、可操作性的原则。针对每项社会绩效指标，设定不同级别的评分标准，通常包括优秀、良好、一般、较差等若干档次。这些标准不仅考虑了企业的实际表现，还融入了行业平均水平、法律法规要求以及社会期望等因素。通过采用量化评分的方式，可以将企业的社会绩效转化为具体的数值，便于进行横向和纵向的比较分析。量化评分不仅提高了评价的准确性和客观性，还为企业提供了明确的改进方向和动力。

（三）综合评价与反馈机制

在完成各项社会绩效指标的量化评分后，需要将这些分数进行综合汇总，得出企业的整体社会绩效评分。这一评分不仅反映了企业在当前社会责任方面的表现，还为企业提供了自我审视和提升的契机。

（四）持续优化与推广应用

社会绩效指标评分法是一个动态发展的过程。随着社会的进步和企业社会责任实践的深入发展，将不断优化和完善指标体系、评分标准和评价方法，以更好地适应时代的需求和挑战。通过持续的优化和推广应用，社会绩效指标评分法将在促进企业履行社会责任、实现可持续发展目标方面发挥更加重要的作用。

四、外部评价机构评估

（一）第三方评估的重要性

在企业社会绩效的评估体系中，引入第三方评价机构进行独立评估，是提升评估结果客观性和公信力的重要举措。第三方评价机构作为中立的专业组织，不直接参与企业的日常运营，能够依据专业的评估标准和方法，对企业社会绩效进行全面、客观、公正的评判。这种评估方式不仅能够有效避免企业内部评估可能存在的利益冲突和主观偏见，还能为企业提供外部视角的反馈，帮助企业更准确地识别自身在社会责任实践中的长处与短板。

(二) 评估机构的选择标准

选择合适的第三方评价机构是确保评估质量的关键。企业应关注评估机构的资质、专业背景、评估经验以及行业声誉等方面。资质方面，评估机构应具备相关领域的执业资格和认证；专业背景上，其应拥有跨学科的研究团队，能够涵盖环境、社会、治理等多个领域；评估经验上，机构应有丰富的企业社会绩效评估案例，能够为企业提供有价值的参考；行业声誉则反映了评估机构在行业内的认可度和公信力，是企业选择的重要参考依据。

(三) 评估流程与标准

第三方评价机构通常会遵循一套科学严谨的评估流程与标准。这包括明确评估目标、制订评估方案、收集数据资料、进行实地调研、分析评估结果以及撰写评估报告等环节。在评估标准方面，机构会参考国际通用的ESG框架、行业最佳实践以及利益相关者的期望，构建一套多维度、可量化的评估指标体系。这些指标可能涵盖环境保护、社会责任、公司治理、人权尊重、消费者权益保护等多个方面，以确保评估的全面性和深度。

(四) 评估结果的应用与影响

第三方评估结果不仅是对企业社会绩效的一次全面体检，更是企业持续改进和提升的重要驱动力。企业应积极面对评估结果，认真分析评估报告中指出的问题与不足，制订有针对性的改进措施，并将改进成果及时向利益相关者和社会公众披露。同时，评估结果还可作为企业品牌宣传和社会责任报告的重要组成部分，向外界展示企业在社会责任领域的努力和成果，提升企业品牌形象和社会认可度。此外，第三方评估结果还可能影响企业的融资能力、合作伙伴选择等方面，为企业带来不一样的发展空间和机遇。因此，企业应高度重视第三方评估工作，将其纳入企业战略管理的重要范畴，推动企业社会绩效的持续提升。

第五章 环境绩效评价指标体系构建

第一节 环境保护政策与制度指标

一、环境管理体系认证

（一）ISO 14001 认证的重要性

在当今全球环保意识日益增强的背景下，ISO 14001 作为国际公认的环境管理体系标准，其认证已成为企业评估自身环境管理能力、展现绿色形象的重要里程碑。这一认证不仅要求企业建立一套完善的环境管理体系，确保生产经营活动符合环境法律法规要求，还鼓励企业持续改进企业行为，减少对环境的不良影响。通过 ISO 14001 认证，企业能够向市场、客户、投资者及社会公众传递其致力于环境保护的决心。

（二）认证过程与标准遵循

获得 ISO 14001 认证并非一蹴而就，它需要企业经历严格的申请、审核、实施与监督等阶段。企业需根据 ISO 14001 标准的要求，识别并评估其经营活动中的环境因素，制定环境方针、目标及指标，并建立相应的管理程序和控制措施。在认证过程中，第三方审核机构将对企业环境管理体系的符合性、有效性和持续改进能力进行全面评估。这一过程不仅是对企业现有环境管理水平的检验，更是推动企业不断优化环境管理实践、提升环境绩效的重要契机。

（三）认证有效性的保障

ISO 14001 认证的有效性是确保企业持续履行环保责任的关键。为此，企业需建立内部审核机制，定期对环境管理体系进行自查自纠，确保各项管理要求得到有效执行。同时，企业还应积极响应外部监督与审核，接受来自政府、客户、合作伙伴及社会公众的监督。此外，企业还需关注环境管理领域的新法规、新技术和新趋势，及时更新环境管理体系，确保其与时俱进、持续有效。通过这一系列措施，企业能够确保 ISO 14001 认证不仅仅是一纸证书，而是真正成为推动企业绿色发展的强大动力。

（四）认证带来的多重价值

通过 ISO 14001 认证，企业不仅能够提升自身的环境管理水平，还能够收获多方面的价值。首先，认证有助于企业树立良好的品牌形象，增强市场竞争力。在当今消费者越来越重视环保的社会背景下，拥有 ISO 14001 认证的企业更容易获得消费者的青睐和信任。其次，认证能够帮助企业降低经营风险，避免因环境问题导致的罚款、诉讼等损失。同时，通过持续改进环境绩效，企业还能够降低资源消耗和废弃物产生，实现节能减排、降低成本的目标。最后，认证还能够促进企业内部管理的规范化和标准化，提升整体运营效率和管理水平。这些价值共同构成了企业追求 ISO 14001 认证的重要动力源泉。

二、环境合规性审查

（一）环境合规性的基石作用

环境合规性审查是企业环境保护工作的基石，它不仅是企业履行社会责任、遵守法律法规的必然要求，也是保障企业可持续发展的重要前提。

在环保意识日益增强的今天，任何违反环保法律法规的行为都可能给企业带来严重的法律后果、经济损失乃至声誉损害。因此，企业必须将环境合规性审查视为一项常态化的工作，贯穿于生产经营活动的全过程。

（二）定期审查的必要性与流程

定期进行环境合规性审查，意味着企业需建立一套完善的审查机制，明确审查的周期、内容、方法及责任部门。审查内容应涵盖企业所有可能涉及的环境因素，包括但不限于废水、废气、固废的排放管理，噪声、振动的控制，以及资源能源的消耗与节约等。审查流程则应包括资料收集、现场检查、问题识别、风险评估、整改措施制定与实施、效果验证等环节。通过这一流程，企业能够全面、系统地评估自身的环境合规状况，及时发现并纠正潜在的环境违法行为。

（三）确保审查的有效性与持续性

为确保环境合规性审查的有效性与持续性，企业需采取一系列措施。首先，应建立专门的环保管理机构或指定专人负责环境合规性审查工作，确保审查工作的专业性和权威性。其次，应加强与政府环保部门的沟通与合作，及时了解最新的环保政策、法规及标准，确保审查工作的时效性和准确性。此外，企业还应将环境合规性审查纳入绩效考核体系，对表现突出的部门和个人给予奖励，对存在问题的部门和个人进行问责，以此激发全员参与环保工作的积极性和主动性。最后，企业应注重审查结果的运用与反馈，将审查中发现的问题作为改进环境管理的契机，不断完善环境管理体系，提升环境绩效水平。

（四）环境合规性审查的深远意义

环境合规性审查不仅关乎企业自身的生存与发展，更对社会的和谐稳定与可持续发展具有深远意义。通过定期审查，企业能够确保生产经营活动始终在法律法规的框架内进行，减少对环境的不良影响，保护自然资源和生态环境。同时，企业的环境合规行为还能够为行业树立标杆，带动整个行业向更加绿色、环保的方向发展。此外，随着全球环保意识的不断提升和环保法规的日益严格，环境合规性审查将成为企业参与国际竞争的重要门槛。因此，企业必须从战略高度认识和重视环境合规性审查工作，将其视为提升企业核心竞争力和实现可持续发展的关键途径。

三、环境应急预案与响应

（一）预案制订的必要性

在快速发展的工业化和城市化进程中，企业作为经济活动的重要主体，其生产运营活动不可避免地与环境产生交互作用。面对可能发生的突发性环境事件，如化学品泄漏、废水超标排放、自然灾害引发的环境污染等，制订科学、合理、可操作的环境应急预案显得尤为重要。这不仅是对企业自身安全生产的负责，更是对周边生态环境及公众健康安全的保障。通过预案的制定，企业能够提前规划应对措施，减少环境风险，确保在紧急情况下能够迅速、有效地控制事态发展，减轻环境损害。

（二）预案内容的全面性

一个完善的环境应急预案应当涵盖多个方面，包括但不限于：应急组织体系与职责分工、预警与报告机制、应急响应流程、应急处置措施、资源调配与保障、后期恢复与评估等。企业应明确各级应急响应组织的职责，确保在紧急情况下能够迅速启动应急机制，形成上下联动、协同作战的应急体系。同时，预案还需详细规定不同环境事件的预警标准、报告程序及内容，确保信息畅通无阻，为及时决策提供依据。在应急处置措施上，企业应结合实际情况，安排有针对性的技术措施和管理手段，如污染物围堵、中和、稀释、转移等，以最大限度减少环境污染。

（三）定期演练与评估

"纸上得来终觉浅，绝知此事要躬行。"环境应急预案的制订只是第一步,更重要的是通过定期演练来检验其可行性和有效性。企业应定期组织应急演练,模拟真实场景下的应急响应过程,检验应急队伍的反应速度、协调能力和处置技能,同时发现预案中存在的不足和问题,及时进行修订和完善。此外,企业还应建立应急演练的评估机制,对每次演练进行总结分析,提炼经验教训,不断提升应急管理水平。

(四)强化培训与意识提升

环境应急预案的有效实施离不开全体员工的积极参与和配合。因此,企业应加强对员工的应急培训和意识教育,提高员工对环境风险的认识和应对能力。培训内容应包括环境法律法规、应急知识、操作技能等方面,确保员工在紧急情况下能够迅速、准确地执行预案要求。同时,企业还应通过宣传栏、内部通讯、安全会议等多种形式,普及环境应急知识,营造浓厚的应急文化氛围,提升全员的环境保护意识和责任感。

企业制订并有效实施环境应急预案是保障环境安全、促进可持续发展的重要举措。通过全面规划、定期演练、强化培训和意识提升等措施,企业可以不断提升自身的环境应急管理水平,为构建和谐社会、保护美好家园贡献力量。

第二节　节能减排与资源利用效率指标

一、能源利用效率

(一)能源利用效率的重要性

在当今全球资源日益紧张、环境压力不断加大的背景下,提升能源利用效率已成为企业实现可持续发展的重要途径。能源利用效率不仅关乎企业的经济效益,更直接影响国家能源安全、环境保护以及社会经济的可持续发展。通过优化能源结构、改进生产工艺、加强能源管理等措施，企业可以在降低能耗的同时提高产出，实现经济效益与环境效益的双赢。

（二）单位产值能耗的评估与应用

单位产值能耗是衡量企业能源利用效率的关键指标之一，它反映了企业在生产过程中每单位产出所消耗的能源量。该指标的计算简单直观，能够直观地反映出企业能源使用的效率水平。通过定期监测和比较单位产值能耗的变化，企业可以及时发现能源使用中的问题和漏洞，从而采取有针对性的措施进行改进。例如，通过引进先进的节能技术、优化生产流程、提高设备能效等方式，有效降低单位产值能耗，提升企业的能源利用效率。

（三）能源回收利用率的提升策略

能源回收利用率是衡量企业能源利用深度的另一重要指标。它反映了企业在生产过程中对废弃能源或副产品的再利用程度。提高能源回收利用率不仅能够减少能源浪费，还能为企业带来额外的经济效益。为实现这一目标，企业可以采取多种策略：一是加强能源回收利用技术的研发和应用，如余热回收、废水处理回用等；二是优化生产布局和工艺流程，减少能源在传输和转换过程中的损失；三是建立健全能源回收利用管理体系，明确各部门职责，加强能源回收利用的监督和考核。

（四）综合施策，全面提升能源利用效率

提升能源利用效率是一个系统工程，需要企业从多个方面入手，综合施策。首先，企业应树立绿色发展的理念，将节能减排、提高能源利用效率作为企业发展的重要目标。其次，加强能源管理，建立健全能源管理制度和流程，确保能源使用的规范化和科学化。同时，加大节能技术的研发和应用力度，引进先进的节能设备和工艺，提高生产过程的自动化和智能化水平。此外，企业还应加强与政府、行业协会等机构的合作与交流，共同推进能源利用效率的提升。通过这些措施的实施，企业可以全面提升能源利用效率，为可持续发展奠定坚实基础。

能源利用效率是企业可持续发展的重要衡量标准之一。通过评估单位产值能耗、提升能源回收利用率等综合措施的实施，企业可以有效降低能源消耗、减少环境污染、提高经济效益和社会效益。在未来的发展中，企业应继续加大在能源利用效率提升方面的投入和努力，为实现绿色、低碳、循环的经济发展模式贡献自己的力量。

二、水资源利用效率

（一）水资源利用效率的重要性

水资源作为生命之源和生产之基，其高效利用对于企业可持续发展及全球水资源保护具有不可估量的价值。随着全球水资源短缺问题的日益严峻，提升水资源利用效率已成为企业不可回避的责任与挑战。企业通过优化生产流程、采用先进节水技术、加强水资源管理，不仅能有效降低运营成本，还能在市场中树立绿色、环保的良好形象，增强竞争力。

（二）单位产品水耗的精细管理

单位产品水耗是衡量企业水资源利用效率的重要指标之一。企业需对生产过程中的每一个用水环节进行精细管理，通过数据监测与分析，明确各环节的用水量及用水效率。在此基础上，企业可采取一系列措施来降低单位产品水耗，如优化生产工艺、改进设备性能、实施清洁生产等。同时，企业还应加强员工节水意识培训，鼓励全员参与节水活动，形成良好的节水文化氛围。

（三）废水回收利用率的提升路径

废水回收利用是提高水资源利用效率的另一重要途径。企业应建立健全的废水回收处理系统，采用适宜的废水处理技术和工艺，确保废水在达到排放标准的同时，尽可能回收其中的有用成分或作为其他生产环节的补充用水。提升废水回收利用率不仅有助于减少新鲜水资源的消耗，还能降低废水排放对环境的影响。此外，企业还应积极探索废水资源化的新模式，如将处理后的废水用于农业灌溉、景观补水等领域，进一步拓展废水回收利用的空间。

（四）水资源管理体系的完善与创新

为了持续提升水资源利用效率，企业应建立并不断完善水资源管理体系。该体系应包括水资源规划、监测、评价、考核等多个方面，确保水资源管理的全面性和系统性。同时，企业还应注重技术创新和管理创新，积极引进和应用国内外先进的节水技术和管理经验，不断提升自身的水资源管理水平。此外，企业还应加强与政府、行业协会、科研机构等各方的合作与交流，共同推动水资源高效利用技术的研发与推广，为行业的可持续发展贡献力量。

水资源利用效率的提升是企业实现可持续发展目标的重要一环。企业应高度重视水资源管理工作，通过精细管理、技术创新、体系完善等措施，不断提升水资源利用效率和循环使用水平，为自身发展和社会进步贡献更多力量。

三、原材料节约与替代

（一）精细化原材料管理

在现代企业运营中，原材料作为生产活动的基石，其管理效率直接关系到资源利用效率与成本控制。企业实施精细化原材料管理，旨在通过优化采购策略、精准库存控制及生产过程中的精细化管理，实现原材料的节约使用。这包括采用先进的物料需求计划系统（MRP），确保原材料按需采购，避免过量库存造成的资源浪费；同时，通过严格的物料领用制度，监控原材料的实际消耗情况，及时发现并纠正浪费行为。

（二）技术创新促进节约

技术创新是企业实现原材料节约的重要途径。通过引进或研发先进的生产工艺和技术设备，企业能够显著提高原材料的转化率和利用率。例如，采用精密加工技术减少边角料产生，利用余料再生技术将废弃物转化为可再利用的原材料，以及通过优化产品设计，减少不必要的材料使用等。此外，企业还应积极探索循环经济模式，推动产业链上下游之间的物料循环利用，构建绿色供应链体系。

（三）环保材料的应用与推广

随着环保意识的日益增强，采用环保材料替代传统材料已成为企业转型升级的重要方向。环保材料不仅在生产过程中具有较低的能耗和排放，而且在使用后能够减少对环境的污染。企业应积极关注市场动态，及时了解和掌握环保材料的发展趋势和最新成果，结合自身生产需求，合理选用环保材料进行替代。同时，企业还应加强与供应商的合作与交流，共同推动环保材料的应用与推广，促进产业链的绿色发展。

（四）文化与制度保障

要实现原材料的节约与替代，企业的文化和制度保障同样不可或缺。企业应树立绿色发展的经营理念，将节约资源、保护环境作为企业社会责任的重要组成部分。通过制定和完善相关管理制度，明确各部门、各岗位的职责和任务，确保原材料节约与替代工作的顺利推进。同时，企业还应加强员工培训和教育，提高员工对节约资源和环保材料重要性的认识，激发员工的积极性和创造力，共同推动企业的绿色发展。此外，建立激励机制也是关键一环，对在原材料节约与替代方面做出突出贡献的个人或团队给予表彰和奖励，形成全员参与、共同推动的良好氛围。

企业在原材料节约与替代方面需要采取综合措施，从精细化管理、技术创新、环保材料应用、文化与制度保障等多个方面入手，不断提升资源利用效率，减少环境污染，推动企业的可持续发展。

四、节能技术应用与推广

（一）节能技术的主动引入与创新

在当今全球能源紧张与环境问题日益严峻的背景下，企业作为能源消耗的主体，积极采用并推广节能技术不仅是社会责任的体现，更是提升自身竞争力的关键途径。众多企业已深刻认识到这一点，纷纷将节能技术的引入与创新纳入企业战略规划之中。它们不仅紧跟国际节能技术发展前沿，通过市场调研、技术交流等方式，及时引进国内外先进的节能设备和工艺，还结合自身生产实际，进行适应性改造和创新，力求实现技术本土化与最优化，从而在降低能耗的同时，提升产品品质和生产效率。

（二）节能技术的全面融合与应用

企业在生产过程中，将节能技术全面融入各个环节，从原材料采购、生产流程设计、设备选型到产品包装、物流运输，乃至废弃物的回收处理，均力求实现能源的最大化利用和最小化浪费。例如，在生产线改造中，采用高效节能电机、变频器、余热回收系统等，显著降低了电力和热能消耗；在照明系统升级上，广泛应用 LED 等高效节能灯具，不仅提升了照明质量，还大幅减少了电能消耗。此外，通过智能化管理系统的应用，实现对生产过程的精准控制和优化调度，进一步提升了能源使用效率。

（三）节能文化的培育与传播

节能技术的有效推广离不开全体员工的共同努力和积极参与。因此，企业积极培育节能文化，通过举办节能知识讲座、技能培训、节能竞赛等活动，增强员工的节能意识和能力。同时，建立健全节能管理制度和激励机制，将节能降耗纳入员工绩效考核体系，激发员工参与节能改造和管理的积极性。此外，企业还通过官方网站、社交媒体等渠道，向外界传播节能理念和技术成果，形成良好的社会示范效应，促进节能技术的广泛普及和应用。

(四) 持续投入与未来展望

面对不断变化的市场需求和技术革新，企业始终保持对节能技术领域的持续关注和投入。企业加大研发投入，与高校、科研机构建立紧密的产学研合作关系，共同探索更加高效、环保的节能技术和解决方案。同时，紧跟国家能源政策和产业导向，积极申请政策支持和资金补助，为节能技术的研发和应用提供有力保障。展望未来，随着技术的不断进步和应用的不断深化，企业将在节能降耗、绿色发展的道路上迈出更加坚实的步伐，为实现经济社会的可持续发展贡献自己的力量。

企业积极采用并推广节能技术，不仅是对环境负责的表现，也是提升自身竞争力和实现可持续发展的必然选择。通过不断探索和实践，企业将在节能技术的道路上越走越远，为构建资源节约型、环境友好型社会贡献力量。

五、绿色办公与节能措施

(一) 节能照明系统的全面应用

在绿色办公的实践中，企业首先着眼于照明系统的优化升级，全面推行节能照明技术。通过替换传统的高能耗荧光灯、白炽灯为 LED 灯具，不仅显著降低了电能消耗，还提升了照明质量，减少了光污染。LED 灯具以其高效能、长寿命、低发热的特点，成为绿色办公照明的首选。此外，企业还巧妙利用自然光，通过合理设计办公室布局，增加窗户面积，安装可调节的遮阳设施，最大化利用自然光线，减少日间人工照明需求，进一步降低能耗。同时，引入智能照明控制系统，根据室内光线强度自动调节灯光亮度，实现按需照明，既保证了工作环境的舒适度，又有效节约了能源。

(二) 绿色出行文化的倡导与实践

企业积极倡导绿色出行理念，鼓励员工采用低碳环保的交通方式上下班。通过设立公共自行车停放点、提供电动车充电设施、与公共交通系统合作推出员工优惠票等措施，减少员工私家车使用频率，降低交通拥堵和尾气排放。同时，企业还定期组织"无车日"活动，鼓励员工步行或骑行上班，体验绿色出行的乐趣与益处。此外，对于因工作需要必须出差的员工，企业优先安排视频会议等远程沟通方式，减少不必要的差旅，从源头上减少碳排放。这种绿色出行文化的形成，不仅促进了员工健康，也为企业树立了良好的社会形象。

（三）节能意识的深入培养与普及

节能意识的提升是实现绿色办公的关键。企业通过多种渠道和形式，持续加强员工节能意识的培养与普及。首先，通过内部培训、专题讲座等形式，向员工普及节能知识，讲解节能技术原理及应用效果，让员工认识到节能降耗的重要性和紧迫性。其次，利用企业内刊、宣传栏、电子屏幕等媒介，定期发布节能小贴士、节能成果展示等内容，营造浓厚的节能氛围。同时，设立节能建议箱，鼓励员工提出节能创意和改进建议，对优秀建议给予表彰奖励，激发员工参与节能活动的积极性和创造性。通过这些措施，节能意识逐渐深入人心，成为员工日常工作中的自觉行动。

（四）构建绿色办公生态体系

企业还致力于构建绿色办公生态体系，将节能措施融入办公管理的各个环节。从办公设备的采购开始，就优先选择能效等级高、环保性能好的产品，如节能型电脑、打印机等。在办公耗材的使用上，推广电子文档、双面打印等节约用纸的做法，减少一次性用品的使用。同时，加强办公区域的绿化建设，种植绿植、设置室内花园，不仅美化了办公环境，还提高了空气质量，有助于员工身心健康。此外，企业还建立了完善的能源管理体系，定期对办公场所的能耗进行监测、分析和评估，及时发现并纠正能源浪费现象，确保节能措施的有效实施和持续改进。通过这一系列举措，企业逐步构建起一个高效、节能、环保的绿色办公生态体系。

第三节　污染物排放与治理指标

一、污染物排放监测

（一）监测体系的重要性

在环境保护日益成为全球共识的今天，企业作为经济活动的主要参与者，其污染物排放行为直接关乎生态环境的健康与可持续发展。因此，建立完善的污染物排放监测体系，不仅是企业履行社会责任的必然要求，也是确保企业合法合规运营、避免环境风险的重要保障。这一体系能够实时、准确地监测企业生产过程中产生的各类污染物，为环境管理提供科学依据，确保污染物排放始终控制在国家和地方标准之内。

（二）监测技术的先进性

为了实现高效、精准的污染物排放监测，企业应积极采用先进的监测技术和设备。这包括但不限于在线自动监测技术、遥感监测技术、物联网技术等。在线自动监测技术能够实现对污染物排放的连续、实时监测，确保数据的及时性和准确性；遥感监测技术则能够覆盖更广泛的区域，对难以直接监测的污染源进行有效监控；物联网技术则通过构建智能监测网络，实现监测数据的自动采集、传输和处理，提高监测效率和管理水平。

（三）监测范围的全面性

完善的污染物排放监测体系应覆盖企业生产活动的全过程和各个环节。这包括原料储存、生产加工、废水废气处理、固废处置等各个环节的污染物排放情况。同时，监测对象也应全面，不仅要关注常规污染物如废水中的化学需氧量（COD）、氨氮、重金属等，还要关注新兴污染物如微塑料、内分泌干扰物等的排放情况。通过全面监测，企业能够全面掌握自身的环境状况，及时发现并解决环境问题。

（四）监测数据的透明与公开

监测数据的透明与公开是建立公信力、接受社会监督的重要手段。企业应建立健全的监测数据管理制度，确保监测数据的真实、准确、完整。同时，企业还应主动向社会公开监测数据，接受政府、公众和媒体的监督。通过公开透明的方式，企业不仅能够展现自身在环境保护方面的努力和成果，还能够增强社会信任度，为企业的可持续发展奠定坚实基础。

（五）持续改进与提升

建立完善的污染物排放监测体系并非一劳永逸，而是需要企业持续改进和提升。企业应定期评估监测体系的运行效果，发现存在的问题和不足，并采取相应的措施进行改进。同时，企业还应关注环保政策和技术的发展动态，及时调整和完善监测体系，以适应新的环保要求和市场需求。通过持续改进和提升，企业能够不断提高自身的环保水平，为生态环境的保护和改善做出更大贡献。

二、废气治理效果

（一）废气处理设施的高效运行

废气治理是环境保护的重要环节，而废气处理设施的高效运行则是确保治理效果的关键。企业高度重视废气处理设施的建设与维护，采用先进的废气处理技术，如催化燃烧、吸附脱附、生物净化等，针对不同类型的废气特点，定制化设计处理方案。同时，建立完善的设备维护机制，定期对废气处理设施进行检修、保养和校准，确保其处于最佳工作状态。通过自动化控制和智能监测系统，实时监控废气处理过程中的各项参数，及时调整处理工艺，确保废气处理设施能够持续、稳定、高效地运行。

（二）严格监测废气排放浓度

废气排放浓度是衡量废气治理效果的重要指标之一。企业严格按照国家环保标准和相关法律法规要求，设置废气排放口在线监测系统，对废气中的各项污染物浓度进行实时监测。同时，定期组织第三方检测机构对废气排放进行采样分析，确保监测数据的准确性和可靠性。通过数据分析，企业能够及时了解废气治理效果，发现问题及时整改，确保废气排放浓度持续低于国家和地方规定的排放标准，减轻对环境的污染影响。

（三）不断优化废气治理工艺

随着科技的进步和环保要求的提高，废气治理工艺也在不断创新和优化。企业积极关注国内外废气治理技术的最新动态，结合自身实际情况，不断引入新技术、新工艺，提升废气治理效果。例如，采用新型催化剂提高催化燃烧效率，开发高效吸附材料增强吸附脱附能力，利用微生物降解技术处理难降解废气等。此外，企业还加强废气治理工艺的研发和创新，努力在降低处理成本、提高处理效率、减少二次污染等方面取得突破。

（四）强化废气治理责任与意识

废气治理不仅是一项技术工作，更是一项社会责任。企业将废气治理纳入企业日常管理的重要范畴。通过加强内部宣传教育，提高员工的环保意识和责任感，确保每个员工都能积极参与到废气治理工作中来。同时，建立健全废气治理责任制，明确各级管理人员和员工的职责分工，形成上下联动、齐抓共管的良好局面。此外，企业还积极与政府部门、行业协会等建立沟通机制，接受社会监督，共同推动废气治理工作的深入开展。

企业通过废气处理设施的高效运行、严格监测废气排放浓度、不断优化废气治理工艺以及强化废气治理责任与意识等措施，全面提升了废气治理效果。这不仅为企业自身的可持续发展奠定了坚实基础，也为改善区域环境质量、保护生态环境做出了积极贡献。

三、废水治理效果

（一）废水处理设施的高效运作

废水治理是企业环保责任的重要组成部分，其关键在于废水处理设施的高效运作。企业投资建立了先进的废水处理系统，该系统集成了物理处理、化学处理及生物处理等多种技术手段，能够针对不同类型的废水进行科学、有效的处理。通过精细化的工艺设计和自动化控制系统，确保废水在处理过程中得到充分的混合、反应和沉淀，从而大幅度提高废水的净化效率。此外，企业还定期对废水处理设施进行维护保养，确保设备处于最佳运行状态，避免因设备故障导致的处理效率下降或废水泄漏等问题。

（二）废水排放水质的严格监控

为确保废水排放水质达到国家和地方规定的环保标准，企业建立了严格的废水排放水质监控体系。通过在线监测设备，实时对废水处理前后的各项水质指标进行监测，包括 pH 值、悬浮物、化学需氧量（COD）、氨氮、重金属等关键指标。一旦发现水质异常，立即启动应急响应机制，查明原因并迅速采取措施进行调整，确保废水在排放前达到环保要求。同时，企业还委托第三方检测机构定期对废水排放水质进行抽检，以验证自身监测数据的准确性和可靠性，进一步保障废水排放的合法性和安全性。

（三）废水达标排放的持续优化

废水达标排放是企业环保工作的基本目标，但企业并未止步于此。相反，企业持续探索废水治理的新技术、新方法，不断优化废水处理工艺，以提高废水处理效果，降低废水排放对环境的影响。通过引进先进的废水处理技术，如膜处理技术、高级氧化技术等，进一步提升废水中难降解有机物的去除率，降低废水毒性。同时，加强废水回用技术的研究与应用，将处理后的废水用于企业内部的冷却、清洗等工艺环节，实现水资源的循环利用，减少新鲜水的消耗和废水的排放。

（四）环保理念的深入人心与持续践行

废水治理工作的有效开展，离不开企业全体员工的共同努力和积极参与。企业通过多种形式的宣传教育活动，让环保理念深入人心，使每位员工都充分认识到废水治理的重要性和紧迫性。员工们在日常工作中严格遵守环保规章制度，积极参与废水治理的各项活动，如节约用水、减少废水产生、监督废水处理设施运行等。同时，企业还建立了完善的环保责任体系，将废水治理责任落实到具体部门和岗位，形成了全员参与、共同推进的良好局面。这种环保理念的深入人心与持续践行，为废水治理工作的长期有效开展提供了坚实的保障。

四、固体废物处理与处置

（一）分类管理的精细化

企业固体废物处理与处置的首要环节在于分类管理的精细化。这要求企业根据废物的性质、成分、危害程度等因素，将其科学合理地划分为不同的类别，如可回收物、有害垃圾、一般工业固废等。通过精细化分类，企业能够更有效地实施后续的收集、储存、转运和处置工作，减少交叉污染，提高资源回收利用率。同时，分类管理也是企业履行环保责任、提升环保形象的重要体现。

（二）收集与储存的规范化

在固体废物的收集与储存阶段，企业应严格遵守相关环保法规和标准，确保操作过程的规范化。这包括使用符合要求的收集容器和储存设施，对废物进行标识、分类存放，防止泄漏、扬散、流失等环境污染事件的发生。此外，企业还应建立完善的废物管理制度，明确责任分工，加强员工培训，确保废物收集与储存工作的有序进行。规范化的收集与储存不仅有助于减少环境污染风险,还能为后续的资源化利用和处置工作奠定良好基础。

(三)转运过程的严密监控

固体废物的转运是连接收集、储存与处置环节的关键步骤。为了确保转运过程的安全与环保,企业应实施严密的监控措施。这包括选择具备资质的运输单位,使用符合环保要求的运输车辆和包装方式,制订详细的转运计划和应急预案,确保废物在转运过程中不发生泄漏、遗撒等污染事件。同时,企业还应加强对转运过程的跟踪管理,确保废物能够按时、按量、按质送达指定的处置场所。

(四)资源化利用的最大化

实现固体废物的资源化利用是企业固体废物处理与处置工作的最终目标。企业应积极探索和实践各种资源化利用途径,如将可回收物进行再生利用,将有机废物进行堆肥化处理转化为肥料或生物能源,将无机废物进行建材化利用等。通过资源化利用,企业不仅能够减少废物的产生量和处置成本,还能创造新的经济价值和社会效益。为了实现资源化利用的最大化,企业应加强与科研机构、高校等单位的合作与交流,引进先进技术和设备,提升资源化利用的技术水平和经济效益。

企业固体废物的处理与处置工作是一项系统工程,需要企业在分类管理、收集储存、转运监控和资源化利用等方面全面发力、协同推进。通过不断完善和优化固体废物处理与处置体系,企业能够实现废物的减量化、资源化和无害化处理,为生态环境的保护和可持续发展做出积极贡献。

五、噪声与辐射控制

(一)噪声污染的综合评估与控制

在企业生产经营活动中,噪声污染是一个不可忽视的环境问题。噪声不仅干扰员工的正常工作与休息,还严重影响周边居民的生活质量,甚至可能对动植物生态系统造成长远影响。因此，全面评估噪声源、传播路径及影响范围是首要任务。通过安装噪声监测设备，定期记录并分析不同生产环节的噪声水平，可以精准识别高噪声区域和时段。

针对评估结果，企业应实施多层次的噪声控制措施。一是源头控制，采用低噪声设备或技术改造升级现有设备，减少噪声产生；二是传播路径控制，利用隔音墙、声屏障、绿化带等物理屏障阻隔噪声传播；三是个人防护，为长时间暴露于高噪声环境下的员工配备防噪耳塞、耳罩等防护用品。此外，合理安排生产作业时间，避免夜间施工或高噪声作业，以减少对周边居民的干扰。

（二）辐射污染的识别与防护

辐射污染，尤其是电离辐射，在现代工业生产中日益凸显其危害性。电离辐射主要来自放射性物质的使用与储存。评估辐射污染时，需明确辐射源类型、强度及分布情况，并通过专业机构进行辐射水平检测。针对辐射污染，企业应采取严格的防护措施。对于电离辐射，需建立完善的辐射安全管理制度，确保放射性物质的安全使用与储存，定期进行辐射泄漏检测与修复，并对相关人员进行辐射防护知识培训和定期体检。对于电磁辐射，则需优化设备布局，减少辐射泄漏，同时采用屏蔽材料减少辐射对周围环境的影响。此外，企业应公开透明地披露辐射相关信息，加强与公众的沟通，消除不必要的恐慌。

（三）绿色生产与环保技术的应用

为了减少噪声与辐射污染，企业还应积极推动绿色生产与环保技术的应用。绿色生产强调从产品设计、原材料选择、生产过程到产品废弃的全过程环保理念，通过采用清洁能源、提高资源利用效率、减少废物产生等手段，从根本上降低噪声与辐射污染源。同时，企业应关注并引进先进的环保技术，如噪声与振动控制技术、辐射屏蔽材料、智能监控系统等，以科技手段提升污染防控能力。此外，加强与科研机构、高校的合作，共同研发新型环保材料和技术，推动行业技术进步，实现可持续发展。

（四）社会责任与公众参与

企业在追求经济效益的同时，也应承担起相应的社会责任，积极参与环境保护工作。企业应建立健全的环保管理体系，明确环保目标和责任，将环保理念融入企业文化和生产经营的各个环节。同时，加强与政府、社区、公众等利益相关方的沟通与合作，共同推动区域环境质量的改善。

公众参与是环境保护工作的重要组成部分。企业应通过设立环保热线、开展环保宣传教育活动、邀请公众参观生产线等方式，增强公众对企业环保工作的了解和信任。同时，积极听取公众意见和建议，不断改进和完善环保措施，共同构建和谐的生态环境。

第四节　环保技术研发与应用指标

一、环保研发投入

（一）环保研发投入的持续增长

在日益严峻的环境保护形势下，企业深刻认识到环保技术研发对于可持续发展的重要性，因此，对环保技术的研发投入呈现出持续增长的态势。近年来，企业逐年加大环保技术研发的预算，确保有足够的资金支持前沿技术的探索与应用。这些资金不仅用于购买先进的研发设备、引进高端的研发人才，还用于支持长期的基础研究和应用创新，旨在从源头上解决环保难题，提升企业整体的环保水平。

（二）研发人员比例的不断优化

人才是科技创新的核心驱动力，因此，在环保技术研发领域，不断优化研发人员比例，构建了一支高素质、专业化的研发团队。这支团队汇聚了环保领域的专家学者、经验丰富的工程师以及充满创新活力的青年才俊，他们各司其职，协同作战，共同推动环保技术的研发进程。企业还通过提供优厚的待遇、良好的工作环境以及广阔的发展空间，吸引更多优秀人才加入环保技术研发的行列，为企业的环保事业注入源源不断的活力。

（三）研发投入产出的丰硕成果

得益于持续增长的研发投入和不断优化的研发人员比例，企业在环保技术研发领域取得了丰硕的成果。一方面，企业成功研发出多项具有自主知识产权的环保技术，这些技术涵盖了废水处理、废气治理、固废资源化利用等多个领域，有效解决了企业在生产过程中遇到的环保难题。另一方面，企业还积极参与国家和地方的环保科研项目，与高校、科研院所等建立紧密的合作关系，共同开展环保技术的研发与应用示范，推动环保技术的产业化进程。这些研发成果的产出，不仅提升了企业的环保水平，也为行业内的其他企业提供了可借鉴的经验和模式。

（四）环保研发投入的长远意义

企业对环保技术研发的持续投入，不仅仅是为了应对当前的环保压力和挑战，更是为了企业的长远发展和社会的可持续发展。通过环保技术的研发与应用，企业能够降低生产过程中的资源消耗和环境污染，提高资源利用效率，实现经济效益与环境效益的双赢。同时，环保技术的创新还能够推动产业结构的优化升级，促进经济社会的绿色转型。因此，企业将继续加大对环保技术研发的投入力度，不断探索新的环保技术和方法，为构建生态文明、实现绿色发展贡献自己的力量。

二、环保技术创新与成果

（一）专利布局与技术创新深度

企业在环保技术领域的创新能力，最直接地体现在其专利布局上。专利不仅是企业技术实力的象征,更是技术创新的重要产出。一家具有强大创新能力的环保企业,会围绕核心技术、关键工艺及新型环保材料等方面,构建起严密的专利保护网。这些专利不仅涵盖了基础理论研究的新发现,还涉及应用技术的突破与改进,体现了企业在环保技术创新上的深度和广度。通过持续的研发投入和专利布局,企业能够巩固自身在环保领域的市场地位,引领行业技术发展方向。

(二)技术突破与产业升级

环保技术的创新不仅仅体现在专利数量的增长上,更重要的是能否实现技术突破,推动产业升级。企业在环保技术领域的技术突破,往往能够解决传统技术难以克服的难题,如提高污染治理效率、降低能耗和成本、实现废物资源化利用等。这些技术突破不仅为企业自身带来了显著的经济效益和社会效益,也为整个环保产业的升级和发展注入了新的动力。通过不断的技术创新,企业能够推动环保产业向更高效、更绿色、更可持续的方向发展。

(三)产学研合作与技术创新生态

环保技术的创新并非孤立进行,而是需要产学研各方的紧密合作。企业通过与高校、科研机构等建立合作关系,可以共享资源、优势互补,共同攻克技术难关。产学研合作不仅能够加速技术创新的进程,还能够促进技术成果的转化和应用。同时,这种合作模式还有助于构建起一个开放、协同、共享的技术创新生态,为企业持续创新提供源源不断的动力。在这样的技术创新生态中,企业能够不断吸收新知识、新技术和新思想,保持技术领先优势,实现可持续发展。

(四)环保技术创新的社会价值与责任

环保技术的创新不仅关乎企业自身的发展,更承载着重要的社会价值和责任。随着全球环境问题的日益严峻,环保技术的创新已经成为推动社会可持续发展的重要力量。企业通过技术创新,能够开发出更加高效、环保的治理技术和产品，为改善环境质量、保护生态安全做出积极贡献。同时，环保技术的创新还能够促进循环经济的发展，推动资源节约型和环境友好型社会建设。因此，企业在追求技术创新的同时，也应积极履行社会责任，将环保技术创新成果惠及更广泛的社会群体，共同推动人类社会的可持续发展。

三、环保技术应用推广

（一）自主研发环保技术的驱动力

在当今全球环保意识日益增强的背景下，企业作为社会经济发展的重要力量，其环保技术的自主研发不仅是履行社会责任的体现，更是企业转型升级、提升竞争力的关键。只有通过技术创新，才能有效解决生产过程中产生的环境污染问题，实现可持续发展。因此，众多企业纷纷加大研发投入，聚焦于环保技术的创新与应用，力求在节能减排、资源循环利用等方面取得突破。

（二）环保技术的实际应用与成效

企业将自主研发的环保技术成功应用于实际生产中，不仅显著降低了生产过程中的能耗和排放，还提高了资源利用效率，实现了经济效益与环境效益的双赢。例如，通过采用先进的废水处理技术，企业能够将生产废水中的有害物质有效去除，达到排放标准甚至实现回收利用，减少了水资源的浪费；又如，利用高效的废气净化装置，可以显著降低生产过程中的有害气体排放，改善空气质量。这些环保技术的应用，不仅提升了企业的环保形象，还为企业赢得了市场的认可和客户的信赖。

（三）推动环保技术在行业内的普及

单个企业的环保努力虽然重要，但难以形成规模效应，只有推动整个行业向绿色、低碳、循环方向发展，才能真正实现环境保护的目标。因此，企业在成功应用自主研发的环保技术后，积极寻求与同行企业的合作与交流，通过技术分享、联合研发、标准制定等方式，推动环保技术在行业内的普及和推广。同时，企业还积极参与行业协会、环保组织等机构的活动，倡导绿色生产理念，提升行业整体环保意识，共同推动行业向更加环保、可持续的方向发展。

（四）持续创新，引领行业绿色转型

环保技术的研发与应用是一个永无止境的过程。只有不断创新，才能保持领先地位，引领行业绿色转型。因此，企业在推广应用现有环保技术的同时，继续加大研发投入，探索更加高效、经济、环保的新技术、新工艺。通过产学研合作、国际交流等方式，企业不断吸收借鉴国内外先进经验和技术成果，提升自身创新能力。同时，企业还注重培养环保技术人才，建立激励机制，激发员工的创新活力，为企业的持续创新提供有力保障。

企业在环保技术应用推广方面展现出了高度的责任感和使命感。通过自主研发、实际应用、行业普及以及持续创新等多个方面的努力，企业不仅实现了自身的绿色发展，还为推动整个行业的绿色转型做出了积极贡献。未来，随着环保技术的不断进步和应用领域的不断拓展，企业将在环保事业中发挥更加重要的作用，共同守护我们的美丽家园。

四、环保技术合作与交流

（一）广泛的合作网络构建

企业在环保领域始终秉持开放合作的态度，积极寻求与国内外其他机构及企业的环保技术合作与交流。通过参加国内外环保技术展会、研讨会及行业论坛，企业不仅展示了自身的环保技术成果，还主动与其他同行及科研机构建立联系，形成了广泛的合作网络。这些合作对象涵盖了高校、研究机构、环保企业以及政府部门等多个层面，为企业环保技术的创新与

发展提供了丰富的资源和广阔的平台。

（二）技术合作项目的深入实施

在构建广泛合作网络的基础上，企业还积极推动环保技术合作项目的深入实施。通过签订合作协议、明确合作目标、制订实施方案等措施，企业与其他合作方共同开展了一系列环保技术合作项目。这些项目涉及废水处理、废气治理、节能减排、生态修复等多个领域，旨在通过技术创新解决行业共性的环保难题。在项目实施过程中，企业与合作方充分发挥各自的优势，实现资源共享、优势互补，共同推动环保技术的研发与应用。

（三）技术交流平台的搭建与利用

为了促进环保技术的交流与合作，企业还积极搭建技术交流平台，为合作各方提供一个展示成果、分享经验、探讨问题的场所。这些平台包括线上的技术论坛、专家咨询系统以及线下的技术研讨会等。通过这些平台，企业不仅能够及时获取最新的环保技术动态和研究成果，还能够与合作伙伴进行深入的技术交流和探讨，共同解决技术难题，推动环保技术的不断进步。同时，企业还利用这些平台宣传自身的环保理念和技术成果，提升企业在行业内的知名度和影响力。

（四）环保技术合作的长远意义

环保技术的合作与交流对于企业的长远发展具有重要意义。首先，通过合作与交流，企业能够借鉴和吸收其他企业或机构的先进技术和经验，弥补自身技术短板，提升自身环保技术的水平。其次，合作与交流有助于促进技术创新和产业升级，推动环保技术的不断更新换代，为企业的可持续发展提供有力支撑。此外，环保技术的合作与交流还能够增强企业的社会责任感和品牌形象，提升企业在公众心目中的环保形象。因此，企业将继续加大环保技术合作与交流的力度，不断拓展合作领域和合作深度，为共同推动环保技术的进步和生态环境的改善贡献力量。

五、环保技术培训与教育

（一）环保理念融入企业文化

企业对于环保技术培训与教育的重视程度，首先体现在将环保理念深度融入企业文化之中。这要求企业从高层管理者到基层员工，都应将环保视为企业发展的核心价值观之一。通过定期举办环保主题讲座、分享会等活动，让环保理念深入人心，成为员工日常工作和生活中的自觉行为。这种文化氛围的构建，为环保技术培训提供了坚实的思想基础，使得员工在参与培训时更加积极主动，愿意将所学知识应用于实践。

（二）系统性环保培训规划

企业为确保环保技术培训的有效性，应制定系统性的培训规划。这包括明确培训目标、内容、方式、时间等要素，确保培训活动有计划、有步骤地进行。培训内容应涵盖环保法律法规、环保政策解读、环保技术知识、环保应急处理等多个方面，以满足员工不同层次、不同岗位的需求。同时，企业还应采用多样化的培训方式，如线上课程、现场实操、模拟演练等，提高培训的互动性和实用性。系统性的培训规划有助于员工全面掌握环保知识和技能，提升整体环保素养。

（三）持续学习与技能提升机制

环保技术日新月异，企业需要建立持续学习与技能提升机制，鼓励员工不断学习新知识、新技术。这可以通过设立环保技术学习小组、定期举办技术交流会、提供外部培训机会等方式实现。企业还应建立员工环保技能评估体系，对员工的环保技能水平进行定期评估，并根据评估结果给予相应的奖励或培训支持。这种机制有助于激发员工的学习热情，促进员工环保技能的持续提升，为企业环保工作的深入开展提供有力的人才保障。

(四)环保实践中的教育与反馈

环保技术培训不应仅停留在理论层面,更重要的是将其应用于实践。企业应将环保培训与实践工作紧密结合,通过参与环保项目、执行环保任务等方式,让员工在实践中深化对环保知识的理解和掌握。同时,企业还应建立环保实践反馈机制,鼓励员工在实践中发现问题、提出解决方案,并将优秀实践经验和创新成果进行分享和推广。这种实践中的教育与反馈机制有助于员工将所学知识转化为实际行动,提高环保工作的实效性和创新性。

企业为员工提供环保技术培训是提高员工环保意识和技能水平的重要途径。通过将环保理念融入企业文化、制订系统性培训规划、建立持续学习与技能提升机制以及加强实践中的教育与反馈,企业能够培养出一支具备环保素养和专业技能的员工队伍,为企业的可持续发展和社会的生态文明建设贡献力量。

第五节　环境绩效综合评价方法

一、生命周期评估法

(一)生命周期评估法概述

生命周期评估法(Life Cycle Assessment,LCA)是一种系统分析产品在其整个生命周期内对环境影响的方法论。它涵盖了产品从摇篮到坟墓的全过程,即从原材料提取、产品设计、生产制造、包装运输、使用维护直至最终废弃处理或回收利用的每一个阶段。通过量化这些阶段中的资源消耗、能源消耗、污染物排放及生态影响,LCA为企业提供了一个全面审视产品环境绩效的框架,有助于指导企业做出更加环保的决策。

（二）设计阶段的绿色考量

在产品设计之初，LCA 便强调将环境因素纳入考量范围。设计师需考虑材料的可获取性、可再生性、毒性及回收潜力，力求选择对环境影响小的材料。同时，产品的设计应兼顾耐用性、可维修性和模块化，以减少使用过程中的资源消耗和废弃物产生。此外，通过优化产品结构，减少不必要的包装和辅助材料，也能在源头上减轻环境负担。

（三）生产过程的环保优化

生产阶段是产品生命周期中资源消耗和污染排放最为集中的环节。LCA 要求企业采用清洁生产技术，减少有害物质的使用和排放，提高能源和资源利用效率。这包括采用低能耗、低排放的生产设备，优化生产工艺流程，实施废物最小化策略等。同时，企业还需关注生产过程中的职业健康与安全，确保员工在良好的工作环境中作业，减少因生产活动而引发的间接环境问题。

（四）使用与废弃阶段的环境影响管理

产品的使用阶段虽然不直接涉及企业的生产过程，但其环境影响同样不容忽视。LCA 鼓励企业开发易于使用、维护且能耗低的产品，以减少用户在使用过程中对环境的影响。同时，企业还应提供产品使用说明和维护指南，引导用户合理使用产品，延长产品使用寿命。在废弃阶段，企业应建立有效的回收体系，鼓励用户参与产品回收和再利用，减少废弃物对环境的污染。此外，企业还应积极探索废弃物的资源化利用途径，如将废旧产品拆解后的零部件作为原材料重新投入生产，实现资源的循环利用。

生命周期评估法是一种全面、系统的环境管理工具，它要求企业在产品生命周期的每一个阶段都充分考虑环境因素，以实现产品环境绩效的最优化。通过 LCA 的应用，企业不仅能够提升自身的环保形象，还能在激烈的市场竞争中获得差异化优势，推动整个行业向更加绿色、可持续的方向发展。因此，企业应积极学习和应用 LCA 方法，将其融入产品开发和生产管理的全过程，为构建生态文明、实现可持续发展贡献力量。

二、环境足迹分析

（一）碳足迹的精准计算与评估

在当前全球气候变化的背景下，企业对其碳足迹的精准计算与评估显得尤为重要。企业采用国际公认的温室气体核算体系（如 GHG Protocol），结合自身的生产运营特点，全面系统地识别并量化其直接和间接的碳排放源。这包括但不限于能源消耗（如化石燃料的燃烧）、生产过程排放、产品运输及分销以及废弃物的处理等各个环节。通过先进的碳足迹计算工具和方法，企业能够精确计算出年度碳排放总量，并深入分析各环节的碳排放贡献率，为后续的减排措施提供科学依据。

（二）水足迹的全面审视与管理

水资源的可持续利用是企业环境管理的重要一环。企业对其水足迹的评估不仅关注直接用水量，还扩展到间接水消耗，即生产链上下游因企业活动而消耗的水资源。通过水足迹分析，企业能够清晰地了解自身在水资源利用方面的效率与影响，识别出高耗水环节和潜在的水资源风险。基于此，企业制订并实施了一系列节水措施，如优化生产工艺、采用节水设备、加强水资源循环利用等，以降低水足迹，提升水资源利用效率。

（三）环境足迹的综合评估与策略制订

除了碳足迹和水足迹外，企业还关注其他环境指标，如废弃物产生量、生态影响等，以构建全面的环境足迹评估体系。通过综合评估，企业能够全面了解自身在环境方面的表现，识别出环境管理的薄弱环节和优先改进领域。在此基础上，企业制订并实施了一系列环境管理策略，包括设定减排目标、推广绿色生产、加强环境风险管理等，以持续降低环境足迹，实现可持续发展。

（四）环境足迹管理的持续改进与透明度提升

环境足迹管理是一个持续的过程，需要不断学习和改进。因此，企业建立了完善的环境管理体系，包括定期的环境审计、内部培训、外部交流等机制，以确保环境管理策略的有效实施和持续改进。同时，企业还注重提升环境信息的透明度，通过发布环境报告、参与环境评级等方式，向公众展示其在环境管理方面的努力和成果，接受社会各界的监督与指导。这种开放透明的态度不仅有助于增强企业的社会责任感和公信力，还能够激励企业不断追求卓越的环境绩效。

三、环境绩效评估模型

（一）多维度评估框架的构建

在构建环境绩效评估模型时，首要任务是确立一个全面而多维度的评估框架。这一框架需涵盖经济、环境、社会三大核心维度，以确保评估的全面性和客观性。经济维度关注企业经营活动对经济效益的贡献，包括资源利用效率、成本节约、绿色产品与服务创新等；环境维度则聚焦于企业对自然环境的影响，如污染物排放、能源消耗、生态恢复与保护等；社会维度则衡量企业活动对社会福祉的促进，包括员工健康与安全、社区参与、公众满意度及社会责任履行等。这三大维度的综合考量，能够全面反映企业在环境绩效方面的表现。

（二）量化指标体系的建立

为确保评估模型的可操作性和准确性，需建立一套科学、合理的量化指标体系。这些指标应紧密围绕评估框架中的各个维度，具体、可衡量地反映企业在环境绩效方面的实际情况。例如，在经济维度下，可以设置资源利用率提升率、绿色产品收入占比等指标；在环境维度下，可以包括单位产值能耗降低率、污染物排放达标率、生态修复面积等；而在社会维度下，则可以考虑员工环保培训覆盖率、社区环保项目参与度、公众环保满意度调查等指标。通过这些量化指标的设定，使得环境绩效评估更加具体、直观。

（三）权重分配与综合评价方法

在构建环境绩效评估模型时，不同维度和指标之间的权重分配至关重要。这需要根据企业的实际情况、行业特点以及政策导向等因素进行综合考虑。一般来说，可以采用专家打分法、层次分析法等方法来确定各维度和指标的权重。在确定了权重之后，需要选择合适的综合评价方法来进行环境绩效的评估。常用的综合评价方法包括加权求和法、模糊综合评价法、数据包络分析法等。这些方法各有优缺点，企业应根据自身需求和实际情况选择最适合的方法。

（四）持续改进与动态调整机制

环境绩效评估模型并非一成不变，而是需要随着企业内外部环境的变化进行持续改进和动态调整。一方面，随着环保法规的更新、技术水平的提升以及社会期望的变化，企业需要不断调整和完善评估模型中的指标体系和权重分配；另一方面，企业还应建立环境绩效的监测和反馈机制，定期对评估结果进行分析和解读，发现存在的问题和不足，并制订相应的改进措施。通过持续改进和动态调整机制，企业能够不断提升自身的环境绩效水平，实现可持续发展目标。

构建包含经济、环境、社会等多维度的环境绩效评估模型是全面评价企业环境绩效的重要手段。通过确立多维度评估框架、建立量化指标体系、合理分配权重并选择适当的综合评价方法以及建立持续改进与动态调整机制等措施，企业能够科学、客观地评估自身在环境绩效方面的表现，为制订更加有效的环保策略提供有力支持。

四、同行比较与标杆管理

（一）同行比较的必要性

在日益激烈的市场竞争与全球环保趋势的双重推动下，企业不仅需关注自身的经济效益，更需重视环境绩效的提升。同行比较作为一种有效的管理工具，能够帮助企业清晰地认识到自身在环保方面的优势与不足，从而确立改进方向和目标。通过与同行业企业的横向对比，企业可以借鉴先进经验，避免重蹈覆辙，加快自身环保水平的提升。

（二）构建科学的比较框架

为了确保同行比较的准确性和有效性，企业需要构建一套科学、全面的比较框架。这包括但不限于环境管理体系的完善程度、节能减排技术的应用情况、资源循环利用的效率、污染物排放的达标率以及环境信息披露的透明度等多个维度。通过这些指标的综合考量，企业可以形成对同行业企业环境绩效的全面认识，为后续的标杆管理奠定基础。

（三）识别标杆与差距分析

在同行比较的基础上，企业需要进一步识别出环保表现卓越的标杆企业。这些标杆企业可能是在某一方面或多方面具有显著优势，如技术创新能力强、资源利用效率高、环境管理体系完善等。通过深入分析标杆企业的成功经验和做法，企业可以明确自身与标杆之间的差距，为制订针对性的改进措施提供方向。同时，企业还需关注标杆企业的动态变化，及时调整比较对象和策略，确保标杆管理的持续性和有效性。

（四）制订改进策略与目标

基于同行比较和差距分析的结果，企业应制订具体、可行的改进策略与目标。这些策略和目标应围绕提升企业环境绩效的核心需求展开，包括但不限于技术创新、管理优化、资源节约、污染减排等方面。同时，企业还需设定明确的时间表和责任人，确保改进措施的落地执行。在实施过程中，企业应建立有效的监控和评估机制，及时跟踪改进效果，并根据实际情况调整策略和目标，确保环保工作的持续改进和不断优化。

同行比较与标杆管理是企业提升环境绩效的重要途径。通过科学的比较框架、精准的标杆识别、深入的差距分析以及有效的改进策略制订，企业可以明确自身在环保方面的努力方向和目标，不断推动自身环保水平的提升。这不仅有助于企业树立良好的社会形象，增强市场竞争力，更有助于推动整个行业向更加绿色、可持续的方向发展。

第六章 评价指标的权重确定方法

第一节 权重确定的重要性与原则

一、权重确定的意义

（一）权重是综合评价的基石

在构建任何综合评价体系时，权重的确定都是不可或缺的关键环节。权重，作为各评价指标相对重要性的量化表达，直接决定了不同因素在最终评价结果中的贡献度。它不仅反映了评价者对各评价维度的重视程度，也影响了整个评价体系的公正性、科学性和有效性。因此，权重的确定是确保综合评价结果准确性的基石。

（二）精准反映评价导向

权重的分配过程，实质上是评价导向的明确过程。通过为不同的评价指标赋予不同的权重，企业能够清晰地传达出其对于环境绩效各维度的重视程度和期望导向。例如，在环境绩效评估模型中，若将节能减排的权重设置得较高，则表明企业更加注重资源的高效利用和污染的减少，这将引导企业在日常运营中更加注重环保技术的研发和应用，推动绿色生产方式的转型。反之，若权重分配不合理，则可能导致评价结果的扭曲，无法真实反映企业的环境绩效状况。

（三）确保评价的公正性

在综合评价过程中，由于各评价指标之间存在复杂的关系，如何客观、公正地评估企业的环境绩效成为了一个难题。而权重的确定，则为解决这一难题提供了有力的工具。通过科学的权重分配方法，如专家打分法、层次分析法等，可以确保各评价指标在评价体系中的相对重要性得到合理的体现，从而避免了主观臆断和偏见对评价结果的影响。这样，即使面对复杂多变的环境绩效数据，也能够得出公正、客观的评价结论。

（四）提升评价的实用性

权重的确定不仅关乎评价结果的准确性，还直接影响评价体系的实用性。一个合理的权重分配方案，能够使得评价结果更加贴近企业的实际情况和需求，为企业制订环保策略、优化资源配置提供有力的支持。例如，在环境绩效评估模型中，若将公众满意度和社区参与的权重设置得较高，则能够促使企业更加关注社会责任和公众期望，积极参与社区环保活动，提升企业的社会形象和品牌价值。这样的评价结果不仅具有指导意义，还能够激发企业的内在动力，推动其不断向更高水平的环境绩效迈进。

权重在确定综合评价结果中扮演着至关重要的角色。它不仅是连接评价指标与最终评价结论的桥梁，更是确保评价公正性、科学性和实用性的关键所在。因此，在构建任何综合评价体系时，都应高度重视权重的确定工作，确保各评价指标的权重分配合理、科学、公正，以得出准确、可信的评价结果。

二、反映指标重要性的原则

（一）权重分配的基本原则

在构建任何评价体系时，确保各评价指标权重的合理分配是至关重要的一环。权重不仅是对指标重要性的量化表达，更是决定最终评价结果公正性、科学性的关键因素。因此，权重分配应遵循以下几个基本原则：一是客观性，即权重的设定应基于数据的客观分析和专家意见的综合考量，避免主观臆断；二是差异性，不同指标因其对整体目标的影响程度不同，其权重也应有所差异，以体现其在评价体系中的独特作用；三是可调整性，随着外部环境和企业内部条件的变化，各指标的重要性可能发生变化，权重也应相应调整以保持评价体系的时效性和准确性。

（二）指标重要性的量化评估

为了科学反映各评价指标在整体评价体系中的重要程度，企业需采用一系列量化评估方法。这些方法包括但不限于层次分析法（AHP）、德尔菲法、熵权法等。其中，层次分析法通过将复杂问题分解为若干层次和因素，进行两两比较，最终得出各因素的相对重要性排序；德尔菲法则通过多次征求专家意见，并经过反馈和修改，最终达成一致的权重分配方案；熵权法则基于信息论原理，利用数据本身的变异程度来确定权重，变异程度越大的指标，其包含的信息量越大，对评价结果的影响也越大，因此应赋予更高的权重。

（三）差异化影响的体现

在权重分配过程中，体现不同指标的差异化影响是确保评价体系有效性的关键。一方面，对于直接影响企业环境绩效的核心指标，如能源消耗、污染物排放等，应赋予较高的权重，以突出其在评价体系中的主导地位；另一方面，对于间接影响企业环境绩效的指标，如环境管理体系的完善程度、员工环保意识等，虽然其直接作用可能不那么显著，但对于提升整体环境绩效同样具有重要意义，因此也应给予适当的权重，以全面反映企业的环境管理水平和潜力。

（四）权重分配的实践意义

合理的权重分配不仅有助于提升评价体系的科学性和公正性，更具有重要的实践意义。首先，它能够帮助企业明确环境管理的重点和方向，将有限的资源优先投入到对环境绩效影响最大的领域；其次，通过定期评估和调整权重，企业可以紧跟时代发展和行业变化，不断优化环境管理策略，保持竞争优势；最后，透明的权重分配过程还能够增强企业内部员工和外部利益相关者的信任感，提升企业的社会形象和品牌价值。因此，在构建环境绩效评价体系时，企业应高度重视权重分配工作，确保各评价指标的权重能够真实反映其在整体评价体系中的重要程度。

三、客观性与主观性平衡原则

（一）客观数据的坚实支撑

在环境绩效评价体系中，客观数据是不可或缺的基石。客观数据以事实为依据，通过精确的测量和记录产生，直接反映了企业在环境保护方面的实际表现。这些数据包括但不限于碳排放量、水资源消耗量、废弃物处理量等量化指标，它们通过科学的统计方法和分析工具进行处理，形成了对企业环境绩效的客观评价。客观数据的运用，确保了评价结果的准确性和可靠性，避免了主观臆断和偏见的影响，为环境绩效的公正评价提供了坚实的基础。

（二）主观判断的审慎融入

仅仅依赖客观数据并不足以全面反映企业的环境绩效。在某些情况下，主观判断同样重要。主观判断主要基于专家经验、行业标准和企业内部标准等因素，对企业在环境管理方面的努力、创新和改进进行综合评价。这种评价考虑了企业在环境保护方面的主观意愿、努力程度和实际效果，有助于更全面地了解企业的环境绩效水平。在融入主观判断时，企业应确保评价过程的透明度和公正性，避免个人偏见和利益冲突的影响。同时，企业应建立科学的评价机制和流程，确保主观判断与客观数据相互补充、相互印证，共同构成对企业环境绩效的全面评价。

（三）权重分配的合理考量

在平衡客观数据与主观判断的过程中，权重的分配至关重要。权重分配应基于评价目的、评价对象和评价标准的综合考虑，确保各评价要素在评价体系中的合理性和平衡性。对于客观数据，由于其具有高度的准确性和可靠性，通常应赋予较高的权重；而对于主观判断，由于其涉及更多的主观因素和不确定性，权重分配应相对谨慎。在实际操作中，企业可以通过专家咨询、问卷调查和数据分析等方式，收集各方意见和建议，结合企业实际情况和行业需求，制订合理的权重分配方案。同时，企业还应定期对权重分配方案进行回顾和调整，以适应环境绩效管理的不断变化和发展。

（四）公正性与合理性的双重保障

环境绩效评价体系应确保评价结果的公正性和合理性。公正性要求评价体系在评价过程中不偏不倚、客观公正地反映企业的环境绩效水平；合理性则要求评价体系在评价方法和标准上科学合理、符合实际。为了实现这一目标，企业应建立严格的评价制度和流程，确保评价过程的规范性和透明度；同时，企业还应加强内部沟通和协作，确保各部门和人员对环境绩效管理的理解和支持。此外，企业还应积极接受外部监督和审核，通过第三方机构或行业协会等渠道获取外部反馈和建议，不断完善和优化环境绩效评价体系。通过这些措施的实施，企业可以确保环境绩效评价结果的公正性和合理性，为企业的可持续发展提供有力保障。

四、可操作性原则

（一）方法简明性与直观性

在权重确定的过程中，方法的简明性与直观性是实现可操作性的基石。这意味着所选择的权重分配方法应当易于理解，不需要复杂的数学背景或烦琐的计算步骤。例如，采用层次分析法（AHP）时，通过构建清晰的层次结构模型，将复杂的决策因素分解成若干层次和因素，并通过两两比较的方式确定各因素的相对重要性，这一过程虽然涉及一定计算，但逻辑清晰，易于上手，能够确保非专业人士也能在指导下进行权重设定。此外，利用直观的图形化工具，如雷达图或条形图展示权重分配结果，能进一步增强其直观性，便于决策者直观理解各因素的重要性排序。

（二）数据获取的便捷性

权重确定方法的可操作性还体现在数据获取的便捷性上。有效的权重设定依赖于准确、全面的数据支持。因此，选择那些能够基于现有资源或易于收集的数据进行计算的权重确定方法至关重要。例如，采用专家打分法时，应确保邀请的专家具有代表性且能够及时、准确地提供反馈。同时，利用问卷调查、在线平台等现代技术手段，可以大幅提高数据收集的效率和准确性，减少因数据缺失或不准确导致的权重设定偏差。此外，对于一些历史数据丰富、系统记录完善的领域，可以直接利用历史数据进行统计分析，如回归分析、聚类分析等，以确定各因素的权重，这样既节省了数据收集的时间成本，又保证了权重的科学性和合理性。

（三）灵活性与适应性

在实际应用中，不同情境下的权重确定需求往往存在差异。因此，权重确定方法应具备足够的灵活性和适应性，以应对各种复杂多变的情况。这要求方法能够根据不同项目的特点、目标、约束条件等因素进行适当调整和优化。例如，在某些情况下，可能需要结合多种权重确定方法，如将德尔菲法与层次分析法相结合，以充分利用各自的优势，提高权重设定的准确性和可靠性。同时，随着项目进展和外部环境的变化，权重也需进行动态调整。因此，所选择的方法应支持权重的动态更新和修正，以确保权重分配始终与实际情况保持一致。

（四）计算工具的支持性

在现代信息技术高度发达的今天，利用计算工具辅助权重确定已成为提升可操作性的重要手段。通过开发或选用专业的权重计算软件、在线平台或 Excel 等电子表格工具，可以极大地简化计算过程，提高计算效率和准确性。这些工具通常具备强大的数据处理能力、灵活的公式编辑功能和直观的图形展示界面，能够帮助用户快速完成权重设定工作。同时，部分工具还提供了丰富的模板和案例参考，有助于用户快速上手并掌握权重确定的方法和技巧。因此，在选择权重确定方法时，应充分考虑计算工具的支持性，并充分利用这些工具来提高权重确定的可操作性和效率。

五、动态调整原则

（一）动态调整的必要性与紧迫性

在快速变化的商业环境和日益严格的环保要求下，保持评价体系的时效性和适应性是企业持续提升环境绩效的关键。动态调整原则强调，评价体系并非一成不变，而是需要根据实际情况的变化，包括技术进步、政策导向、市场需求、企业内部战略调整等因素，适时调整各评价指标的权重，以确保评价体系的准确性和有效性。这种灵活性不仅能够帮助企业及时捕捉环境变化带来的机遇与挑战，还能推动企业不断优化环境管理策略，实现可持续发展目标。

（二）触发动态调整的关键因素

触发评价体系动态调整的关键因素多种多样。技术革新是推动环境管理手段和方法进步的重要力量，新技术的应用可能使得某些传统指标的权重下降，而新兴指标的权重上升。政策导向的变化，如环保法规的修订、税收优惠政策的调整等，也会对企业环境绩效的评价产生影响，需要企业及时调整评价体系以符合政策要求。市场需求的转变，如消费者对绿色产品的偏好增强，将促使企业更加重视环境绩效的评价，并可能引发评价体系的调整。此外，企业内部战略调整、组织结构变化、业务流程优化等也可能成为触发动态调整的因素。

（三）动态调整的实施策略

实施动态调整策略时，企业应遵循以下原则：一是前瞻性原则，即密切关注行业动态和趋势，提前预判可能的变化，并提前做好调整准备；二是科学性原则，依据客观数据和专家意见，科学合理地调整权重，避免主观臆断；三是透明性原则，确保调整过程的公开透明，增强内部员工和外部利益相关者的信任感；四是灵活性原则，根据实际需要，灵活调整调整周期和幅度，确保评价体系的时效性。

在具体操作上，企业可以建立定期评估机制，如每年或每半年对评价体系进行一次全面评估，根据评估结果和外部环境变化，提出调整建议。同时，鼓励内部员工和外部专家积极参与评价体系的改进工作，收集多方意见和建议，形成更加科学合理的调整方案。此外，企业还可以利用信息技术手段，如建立在线评价系统、运用大数据分析等，提高评价体系的智能化水平和动态调整能力。

（四）动态调整的意义与展望

实施动态调整原则对于提升企业环境绩效评价体系的时效性和适应性具有重要意义。它能够帮助企业及时捕捉环境变化带来的机遇与挑战，优化环境管理策略，提高环境绩效水平。同时，通过不断调整和完善评价体系，企业还能够增强内部员工和外部利益相关者的信任感，提升企业的社会形象和品牌价值。展望未来，随着环保意识的不断增强和技术的不断进步，环境绩效评价体系的动态调整将变得更加重要和复杂。企业需要不断创新和完善评价方法和技术手段，以更好地适应环境变化和市场需求的挑战，推动企业实现可持续发展目标。

第二节　主观赋权法及其应用

一、德尔菲法

（一）德尔菲法的基本原理

德尔菲法，作为一种经典的预测与决策技术，其核心在于通过匿名的、多轮次的专家意见征询与反馈，来达成对复杂问题或未来趋势的共识。这一方法由美国兰德公司于20世纪40年代创立，旨在充分利用专家的集体智慧和经验，克服个体认知的局限性和偏见，提高预测或评价的准确性和可靠性。德尔菲法强调专家间的独立性、匿名性以及反馈的反复性，确保每位专家的意见都能得到充分的表达和考虑，同时避免了因权威或群体压力而导致的意见趋同。

（二）专家团队的组建与选择

在运用德尔菲法时，首要任务是组建一个具有代表性的专家团队。这些专家应来自不同的领域或背景，具备丰富的专业知识和实践经验，能够针对特定问题提供有价值的见解和判断。专家团队的选择应遵循广泛性、专业性和代表性的原则，确保覆盖问题的各个方面和角度。同时，为了保障专家意见的独立性，应确保专家在参与过程中保持匿名，减少外界干扰和偏见的影响。

（三）意见征询与反馈机制

德尔菲法的操作流程主要包括多轮次的意见征询与反馈。在第一轮中，组织者向专家团队发放问卷或调查表，请他们就特定问题或指标的重要性、影响力等方面给出初步评价。专家在匿名状态下独立填写问卷，并提交给组织者汇总。随后，组织者将汇总后的结果（通常不透露具体专家的意见）

反馈给每位专家,供他们参考和对比。在第二轮及后续轮次中,专家根据反馈结果调整自己的意见,并再次提交给组织者。这一过程反复进行,直到专家们的意见趋于一致或达到预定的轮次限制。

(四)专家意见在权重确定中的应用

在环境绩效评价体系中,德尔菲法尤其适用于权重的确定。通过德尔菲法,企业可以邀请来自环境科学、工程管理、经济学等多个领域的专家,就各项评价指标的重要性和相对重要性进行打分和评价。专家们根据自身的专业知识和实践经验,独立给出权重分配的建议。经过多轮次的意见征询与反馈后,组织者可以汇总并计算专家们的共识意见,作为最终权重分配的依据。这种方法不仅充分考虑了专家的专业知识和经验,还通过匿名和反馈机制保障了意见的独立性和公正性,使得权重分配更加科学合理、符合实际。同时,德尔菲法也为企业提供了一个灵活、动态的权重调整机制,使其能够随着环境绩效管理的不断发展而持续优化和完善。

二、层次分析法

(一)层次结构的精心构建

层次分析法(AHP)的核心在于其层次结构的构建,这是整个权重分配过程的基础。在构建层次结构时,首先需明确决策目标,即系统所要达成的总体目标或解决的问题。随后,围绕这一目标,将复杂系统分解成若干个相互关联的组成部分或子目标,这些子目标构成了层次结构中的中间层。最后,进一步细化每个子目标,识别出影响子目标实现的具体因素或准则,形成层次结构的最底层——方案层或措施层。通过这样的分解,形成了一个自上而下、逐层细化的金字塔形层次结构,清晰地展示了系统内部各元素之间的逻辑关系。

（二）判断矩阵的严谨形成

在层次结构构建完成后，接下来需要形成判断矩阵。判断矩阵是 AHP 方法中的关键步骤，用于量化同一层次元素之间相对重要性的比较。这一过程通常通过专家咨询或小组讨论的方式进行，参与者根据自己的专业知识和经验，对同一层次内的元素进行两两比较，并给出相对重要性的量化评分。评分通常采用 1—9 标度法，其中 1 表示两个元素同等重要，9 表示一个元素比另一个极端重要，中间数字表示不同程度的相对重要性。通过汇总所有参与者的评分，形成每个层次的判断矩阵。这些矩阵不仅反映了专家对元素相对重要性的主观判断，也是后续权重计算的重要依据。

（三）权重计算的精确执行

权重计算是 AHP 方法的核心环节，它基于判断矩阵的数据，通过数学方法计算出各层次元素的权重。常用的权重计算方法包括特征根法（也称和积法或几何平均法）和最小二乘法等。在特征根法中，首先计算判断矩阵的每一列之和，然后将判断矩阵的每一个元素除以它所在列的和，得到归一化判断矩阵。接着，计算归一化判断矩阵的每一行元素的平均值，这些平均值即为所求元素的权重。权重计算的结果反映了各元素在系统中的重要程度，为决策提供了量化依据。值得注意的是，在权重计算过程中，还需进行一致性检验，以确保判断矩阵的合理性和权重计算结果的可靠性。

（四）AHP方法的适用性与优势

AHP 方法以其独特的层次结构和判断矩阵机制，在复杂系统的权重分配中展现出显著的优势。首先，它能够将复杂的决策问题分解为若干子问题，降低了问题的复杂性和解决难度。其次，通过专家咨询和量化评分的方式，充分融合了专家的主观判断和经验知识，提高了权重分配的合理性和科学性。此外，AHP 方法还具有较强的灵活性和适应性，可以根据不同的决策需求进行层次结构的调整和判断矩阵的修改。最后，通过权重计算和一致性检验，确保了权重分配结果的准确性和可靠性，为复杂系统的决策提供了有力的支持。因此，AHP方法在企业管理、环境评价、城市规划等多个领域得到了广泛应用，并取得了显著成效。

三、专家打分法

（一）评分标准的精心制定

专家打分法作为一种主观与客观相结合的评价方法，其首要步骤在于制定科学、合理且具可操作性的评分标准。评分标准应基于评价目的和指标体系，明确每个评价指标的具体含义、评价范围、评价等级及对应的分值区间。在制定过程中，需充分考虑行业特点、企业实际情况及政策导向，确保评分标准既能反映企业的真实环境绩效，又能引导企业向更加环保的方向发展。同时，评分标准应尽可能量化，减少模糊性和主观性，提高评价结果的客观性和准确性。

（二）专家团队的组建与培训

专家团队的组建是专家打分法的关键环节。团队成员应具备丰富的专业知识、实践经验和良好的职业道德，能够客观、公正地对企业环境绩效进行评价。在组建过程中，应充分考虑专家的专业背景、行业经验和地域分布等因素，确保专家团队的多样性和代表性。此外，还需对专家进行必要的培训，使其充分了解评价目的、指标体系、评分标准及打分流程，确保每位专家都能准确理解并执行评价任务。

（三）评分数据的收集与整理

在专家打分过程中，需采用适当的方式收集评分数据。这通常包括向专家发放评分问卷、组织专家会议或利用在线平台进行远程打分等。无论采用何种方式，都应确保每位专家都能独立、客观地给出自己的评分意见，避免相互干扰或影响。收集到的评分数据需进行仔细整理，包括检查数据的完整性、准确性和一致性，剔除异常值或无效数据，以确保后续分析处理的准确性和可靠性。

（四）评分数据的处理与结果分析

评分数据的处理是专家打分法的最后一步，也是得出最终评价结果的关键环节。数据处理通常包括数据汇总、加权平均、标准化处理等步骤。在数据汇总阶段，需将每位专家的评分意见进行汇总，形成每个评价指标的初步得分。在加权平均阶段，需根据专家的权威性和专业性赋予不同的权重，对初步得分进行加权平均处理，以得出更加科学合理的最终得分。在标准化处理阶段，则可将最终得分转化为统一的评分尺度或等级划分，便于企业间或不同时间点的比较和分析。

完成数据处理后，还需对结果进行深入分析。这包括分析各评价指标的得分情况、识别企业的优势与不足、探讨影响环境绩效的关键因素等。通过深入分析，企业可以更加清晰地认识到自身在环境管理方面的现状和问题，为制订针对性的改进措施提供有力支持。同时，专家打分法的结果也可作为企业对外展示环境绩效、争取政府支持和社会认可的重要依据。

四、二项系数法

（一）二项系数法的基本原理

二项系数法，又称为组合数学中的"帕斯卡三角形"法或"二项式定理"应用，在权重分配领域提供了一种基于数学原理的量化方法。其核心思想在于利用二项式展开中的系数来分配权重，这些系数代表着从一组元素中选取不同数量元素的组合方式数量，具有严格的数学逻辑和规律性。在权重分配中，我们可以将每个评价指标视为一个可选择的元素，通过二项系数法来计算不同组合下各元素的相对重要性，从而确定其权重。

（二）构建权重分配模型

应用二项系数法于权重分配，首先需要构建一个合理的模型框架。这包括明确评价对象的各项指标、确定评价指标的层次结构（如有必要）以及设定权重分配的总原则和限制条件。在此基础上，将二项系数作为权重分配的基础数值，通过一定的转换或调整策略，使其符合权重分配的实际需求。例如，可以直接将二项系数作为各指标的初始权重，或者将二项系数进行归一化处理，使所有指标的权重之和为1。

（三）组合选择与权重计算

在构建好模型后，接下来是通过组合选择来确定各指标的权重。这一步骤涉及到对二项系数的选择和解释。通常，我们可以根据评价指标的数量和层次结构，选择合适的二项式展开级数。然后，从二项式展开的系数中选取特定位置的数值作为各指标的权重。这种选择可以是基于某种优化准则（如最小化差异、最大化公平性）的，也可以是根据实际情况和专家判断进行的主观调整。在选择过程中，需要注意保持权重的合理性和平衡性，避免出现过高或过低的权重分配。

（四）权重分配的调整与优化

二项系数法虽然提供了一种基于数学原理的权重分配方法，但在实际应用中仍需要根据具体情况进行调整和优化。一方面，由于不同评价指标的特性和重要性可能存在差异，因此需要根据实际情况对二项系数进行适当的修正和调整；另一方面，为了提高权重分配的准确性和合理性，还可以结合其他方法（如德尔菲法、层次分析法等）进行综合考虑和验证。此外，随着环境绩效管理的不断发展和变化，权重分配也需要定期进行评估和调整，以适应新的管理要求和评价标准。因此，在应用二项系数法进行权重分配时，应持续关注环境绩效管理的最新动态和发展趋势，及时调整和优化权重分配方案。

五、模糊综合评价法中的主观权重确定

（一）主观权重确定的重要性

在模糊综合评价法中，权重是衡量各评价指标相对重要性的量化指标，直接关系到综合评价结果的准确性和可靠性。由于实际评价过程中往往涉及众多难以精确量化的模糊因素，因此，主观权重的确定显得尤为重要。它不仅能够反映评价者对各评价指标重要性的主观认知和经验判断，还能在一定程度上弥补客观数据不足的问题，使得评价结果更加贴近实际情况。

（二）专家咨询与德尔菲法的应用

主观权重的确定常依赖于专家咨询。通过邀请具有相关领域专业知识和丰富实践经验的专家参与评价过程，利用他们的主观判断来确定各评价指标的权重。其中，德尔菲法是一种有效的专家咨询方式，它采用匿名函询的方式，多次征求专家意见，并通过反馈和修正，逐步达成一致意见。这种方法能够充分利用专家的集体智慧和经验，减少个别专家的主观偏见对权重确定的影响。

（三）重要性排序与量化评分

在专家咨询的基础上，需要对各评价指标进行重要性排序和量化评分。这一过程通常通过设计专门的问卷或调查表来实现，要求专家根据自己的主观判断，对各评价指标进行重要性排序，并给出相应的量化评分。评分可以采用多种标度法，如五分制、十分制或百分制等，具体选择取决于评价的精度要求和专家的习惯。通过收集和分析专家的评分数据，可以得到各评价指标的初步权重分配方案。

（四）权重调整与一致性检验

初步权重分配方案往往需要经过进一步的调整和优化。由于不同专家之间可能存在意见分歧，因此需要对初步权重进行加权平均或采用其他方

法进行处理,以得到更为合理的权重分配结果。同时,为了确保权重分配的一致性和合理性,还需要进行一致性检验。一致性检验的目的是检查各评价指标之间的相对重要性关系是否协调一致,避免出现逻辑上的矛盾或冲突。如果一致性检验不通过,则需要重新调整权重分配方案,直到满足一致性要求为止。

(五)主观权重确定的局限性与应对策略

尽管主观权重确定在模糊综合评价法中具有重要意义,但其也存在一定的局限性。首先,主观权重的确定依赖于专家的主观判断和经验知识,因此可能受到专家个人偏见和认知局限的影响。为了降低这种影响,可以采取多种措施,如增加专家数量、提高专家素质和采用匿名函询等方式。其次,主观权重的确定可能受到评价目的和评价标准的影响,导致不同评价主体之间的权重分配结果存在差异。为了解决这个问题,可以制定统一的评价标准和规范的评价流程,确保评价过程的客观性和公正性。最后,随着评价对象和环境的变化,各评价指标的重要性也可能发生变化,因此需要对主观权重进行动态调整和优化,以适应新的评价需求。

第三节 客观赋权法及其比较

一、熵权法

(一)熵权法的基本原理概述

熵权法作为一种客观赋权方法,其核心思想源自信息论中的熵概念。在信息论中,熵是衡量信息不确定性或信息量大小的指标,信息量越大,不确定性越小,熵值也就越小;反之,信息量越小,不确定性越大,熵值则越大。熵权法正是利用这一原理,通过分析评价指标数据本身的信息量大小来确定各指标的权重。在环境绩效评价体系中，不同指标所蕴含的信息量不同，对整体评价结果的影响也不同，因此，通过熵权法可以更加客观、科学地反映各指标的重要性。

（二）数据预处理与标准化

在应用熵权法之前，首先需要对收集到的评价指标数据进行预处理和标准化处理。预处理包括数据清洗、缺失值处理、异常值检测与修正等步骤，以确保数据的完整性和准确性。标准化处理则是为了消除不同指标量纲和量级差异对权重计算的影响，通常采用极差法、标准差法或归一化法等方法将原始数据转换为无量纲的标准化数据。经过预处理和标准化处理后的数据，将作为后续熵权法计算的基础。

（三）熵值的计算与权重分配

在熵权法中，熵值的计算是确定权重的关键步骤。具体而言，首先需要计算每个评价指标在所有评价对象上的概率分布，即每个评价对象在该指标上的值占该指标所有评价对象值总和的比例。然后，利用熵的定义公式计算每个评价指标的熵值。由于熵值越大表示信息量越小，因此，在权重分配时，需要采用一种逆向思维：熵值越小的指标，其信息量越大，对整体评价结果的影响也越大，应赋予更高的权重；反之，熵值越大的指标，其信息量越小，对整体评价结果的影响也越小，应赋予较低的权重。通过计算各评价指标的熵值并进行归一化处理，即可得到各指标的权重分配结果。

（四）熵权法的优势与应用价值

熵权法相较于其他主观赋权方法具有显著的优势。首先，熵权法完全基于数据本身的信息量大小来确定权重，避免了人为因素的主观干扰，提高了权重分配的客观性和准确性。其次，熵权法能够自动处理不同指标间的量纲和量级差异问题，无需进行复杂的归一化处理或权重调整。此外，熵权法还具有计算简便、易于实现等优点，广泛应用于环境绩效评价、经济管理、社会科学研究等多个领域。

在环境绩效评价中，熵权法能够客观反映各评价指标的重要性差异，为制订科学合理的环境管理策略提供有力支持。通过熵权法计算得到的权重分配结果，可以帮助企业识别环境管理中的关键领域和薄弱环节，从而有针对性地制订改进措施。同时，熵权法还可以用于不同时间点或不同企业间的环境绩效比较，为政府监管、社会监督及企业自我提升提供重要参考。

二、主成分分析法

（一）PCA 的基本原理概述

主成分分析法（PCA）是一种强大的数据降维技术，它通过线性变换将原始数据转换为一组新的变量，即主成分，这些主成分在保持数据最大变异性的同时，实现了数据的降维处理。在权重确定的应用场景中，PCA 能够帮助我们从众多评价指标中提取出最主要的信息，即那些对整体评价影响最大的因素，从而基于这些主要因素来确定各指标的权重。

（二）数据预处理与标准化

在应用 PCA 进行权重确定之前，首先需要对原始数据进行预处理和标准化。预处理包括处理缺失值、异常值等，以确保数据的完整性和准确性。标准化则是将数据按照一定比例缩放，使其具有相同的量纲和可比性，这是 PCA 分析的前提。通过标准化处理，我们可以消除不同指标之间由于量纲差异而对分析结果造成的影响。

（三）主成分提取与解释

在数据预处理和标准化之后，接下来是主成分的提取过程。PCA 通过计算数据集的协方差矩阵或相关矩阵，找到能够最大化数据变异性的方向，即主成分。这些主成分按照其解释的变异性大小进行排序，第一个主成分解释的变异性最大，随后的主成分依次递减。在提取主成分时，我们需要根据实际需求确定主成分的个数，这通常基于特征值的大小、累积贡献率等因素进行判断。提取出的主成分不仅代表了原始数据的主要信息，还揭示了各指标之间的潜在关系。

（四）基于主成分确定权重

在 PCA 分析的基础上，我们可以根据各主成分对整体变异的贡献率来确定各原始指标的权重。具体来说，每个主成分都是原始指标的一个线性组合，其系数反映了各指标在该主成分中的重要性。因此，我们可以通过计算各指标在所有主成分中的系数加权和（权重为该主成分贡献率），来得到各指标的最终权重。这种方法不仅考虑了各指标对整体评价的直接贡献，还考虑了它们之间的相互作用和潜在关系，使得权重分配更加科学合理。

值得注意的是，PCA 在权重确定中的应用并非一成不变，而需要根据具体问题和数据特点进行灵活调整。例如，在某些情况下，我们可能需要对 PCA 的结果进行进一步的分析和解释，以更好地理解各主成分所代表的意义；或者，我们可能需要结合其他方法（如专家打分、层次分析法等）来综合确定权重，以提高权重分配的准确性和可靠性。总之，PCA 作为一种有效的数据降维和权重确定方法，在环境绩效管理等众多领域具有广泛的应用前景。

三、变异系数法

（一）变异系数法的核心概念

变异系数法是一种基于数据本身变异程度的客观权重确定方法。在综合评价中，不同评价指标的数据波动程度往往反映了其对于评价结果的敏感性和重要性。变异系数法正是利用这一特性，通过计算各评价指标的变异系数，来衡量其在评价体系中的相对重要性，并据此确定权重。该方法不依赖于主观判断，完全基于数据的客观分析，因此具有较高的客观性和科学性。

（二）数据标准化处理

在应用变异系数法之前，首先需要对原始数据进行标准化处理。由于各评价指标的量纲和单位可能不同，直接比较其变异程度是不合理的。因此，需要通过标准化处理，消除量纲和单位的影响，使各评价指标的数据处于同一可比尺度上。

（三）变异系数的计算

变异系数是标准差与平均数的比值，用于衡量数据的离散程度或变异程度。在变异系数法中，首先计算各评价指标的标准差和平均数，然后求得各评价指标的变异系数。变异系数越大，说明该评价指标的数据波动越大，其在评价体系中的重要性也相对较高；反之，变异系数越小，则说明该评价指标的数据波动越小，其重要性相对较低。因此，变异系数可以作为确定各评价指标权重的依据。

（四）权重分配与结果解释

在得到各评价指标的变异系数后，通常需要对变异系数进行归一化处理，以确保所有评价指标的权重之和为1。归一化处理后的变异系数即为各评价指标的权重。权重的大小直接反映了各评价指标在综合评价中的重要性程度。根据这些权重，可以对评价对象进行综合评价，得到综合评价值或排名。需要注意的是，变异系数法确定的权重是基于数据的客观分析得出的，因此其结果更加客观和科学。然而，也应注意到数据的变异程度可能受到多种因素的影响，如测量误差、极端值等，因此在应用变异系数法时还需对数据进行仔细分析和检查，以确保结果的准确性和可靠性。

（五）变异系数法的优势与局限

变异系数法作为一种客观权重确定方法，具有计算简便、结果客观等优点。它不需要依赖主观判断和经验知识，完全基于数据的客观分析，减少了人为因素的干扰。同时，变异系数法能够反映各评价指标数据波动的实际情况，有助于识别出对评价结果影响较大的关键指标。然而，变异系数法也存在一定的局限性。例如，它忽略了评价指标之间的相关性问题，可能导致权重分配不合理；另外，当评价指标的数据分布较为集中或极端值较多时，变异系数的计算结果可能不够准确。因此，在应用变异系数法时还需结合实际情况进行综合考虑和判断。

四、复相关系数法

（一）复相关系数法的基本概念

复相关系数法作为一种考虑多变量间相互关系的权重确定方法，其核心在于利用各评价指标之间的相关性信息来优化权重的分配。在传统权重确定方法中，往往独立考虑每个指标的重要性，而忽略了指标间的相互作用。然而，在实际应用中，指标之间往往存在直接或间接的关联，这种关联会影响整个评价体系的稳定性和准确性。复相关系数法正是为了解决这一问题而提出的，它通过分析指标间的相关系数矩阵，捕捉指标间的相互依赖关系，从而更加科学合理地确定各指标的权重。

（二）复相关系数矩阵的构建

在应用复相关系数法之前，首先需要构建各评价指标之间的相关系数矩阵。这一步骤通常涉及数据的收集、整理以及相关性分析。相关系数矩阵是一个方阵，其元素表示的是不同评价指标之间的相关系数，可以是皮尔逊相关系数、斯皮尔曼等级相关系数等。通过相关系数矩阵，我们可以直观地了解哪些指标之间具有较强的正相关或负相关关系，为后续权重的确定提供重要依据。

（三）权重确定思路

复相关系数法在权重确定中的思路主要包括两个方面：一是考虑指标

间的独立性与互补性，二是利用相关性信息调整权重。在理想情况下，评价体系中的各指标应既相互独立又相互补充，以全面反映评价对象的特性。然而，在实际中，指标间往往存在一定的相关性。复相关系数法通过分析这些相关性，对传统的权重分配方式进行优化。具体来说，对于相互独立性较强的指标，可以赋予较高的权重，因为它们提供了更多的独立信息；而对于相互关联性较强的指标，虽然它们也包含一定的信息量，但由于信息的重叠，可以适当降低其权重，以避免过度强调某一方面而忽视了其他同样重要的方面。

（四）复相关系数法的应用价值与局限性

复相关系数法在权重确定中的应用价值主要体现在以下几个方面：首先，它充分考虑了指标间的相互关系，使得权重的分配更加科学合理；其次，通过调整权重，可以提高评价体系的稳定性和准确性，减少由于指标间相关性带来的评价偏差；最后，复相关系数法还有助于识别评价体系中的冗余指标，为评价指标体系的优化提供参考。

复相关系数法也存在一定的局限性。首先，它依赖于数据的质量和完整性，如果数据存在缺失或异常值，将影响相关系数矩阵的构建和权重的确定；其次，复相关系数法虽然考虑了指标间的相关性，但并未完全解决指标间的冗余问题，有时仍需要结合其他方法进行综合评价；最后，复相关系数法的计算过程相对复杂，需要具备一定的统计学和数据处理能力。因此，在应用复相关系数法时，需要充分考虑其适用条件和限制因素，以确保评价结果的准确性和可靠性。

五、方法比较与选择

（一）客观赋权法的多样性概览

在权重确定的实践中，客观赋权法因其基于数据的内在属性和统计规律，具有科学性和客观性的优点，被广泛采用。这些方法包括但不限于主成分分析法、熵权法、变异系数法、灰色关联度法等。每种方法都有其独特的原理和适用范围，为不同情境下的权重分配提供了多样化的选择。

（二）主成分分析法的优势与局限

主成分分析法作为一种数据降维技术，在权重确定中的优势在于能够提取出数据中的主要信息，减少冗余，提高分析效率。它通过数学变换将原始指标转化为少数几个不相关的主成分，这些主成分能够最大限度地反映原始数据的变异性，从而为权重分配提供了科学依据。然而，主成分分析法也存在一些局限性，如对于非线性关系的数据处理能力有限，且主成分的解释可能不够直观，需要进一步的分析和解释。

（三）熵权法的独特视角

熵权法则从信息论的角度出发，通过计算各指标的信息熵来确定其权重。信息熵越小，表示该指标提供的信息量越大，对评价结果的影响也越大，因此应赋予较大的权重。熵权法的优势在于能够客观反映各指标的信息量大小，避免了主观因素的干扰。但是，该方法对数据的要求较高，需要完整且准确的数据支持，且对于极端值或异常值较为敏感。

（四）变异系数法的稳健性考量

变异系数法则通过计算各指标的变异程度来确定权重。变异程度越大，表示该指标在不同评价对象间的差异越明显，对评价结果的影响也越大，因此应赋予较大的权重。变异系数法的优势在于计算简单，易于理解，且对数据的要求相对较低。然而，它可能忽略了指标之间的相关性，导致权重分配不够全面。

（五）灰色关联度法的适用情境

灰色关联度法则是在信息不完全或不确定的情况下，通过比较各指标与评价标准的关联程度来确定权重。该方法在处理小样本、贫信息系统时具有独特优势，能够充分利用现有信息，减少因信息不全而导致的误差。

但是，灰色关联度法的计算过程相对复杂，且关联度的判断标准可能存在一定的主观性。

（六）方法选择与建议

在选择适当的客观赋权法时，应综合考虑数据的特性、评价的目的和实际需求。对于数据量大、维度高且存在明显线性关系的情况，PCA 是一个不错的选择；对于需要强调信息量大小的情况，熵权法可能更为合适；而对于数据变异性较大或信息不完全的情况，变异系数法和灰色关联度法则具有各自的优势。此外，还可以考虑将多种方法结合使用，通过综合比较和验证，得到更加科学合理的权重分配方案。总之，在权重确定的过程中，应灵活运用各种客观赋权法，确保评价结果的公正性、合理性和有效性。

第四节 组合赋权法探讨

一、组合赋权法的概念

（一）组合赋权法的核心理念

组合赋权法作为一种综合性的权重确定策略，其核心思想在于融合主观赋权法与客观赋权法的优势，以期达到更加全面、合理且科学的权重分配效果。在复杂的多指标评价体系中，单纯依赖主观判断或客观数据分析都存在局限性。主观赋权法能够充分利用专家的专业知识和经验，反映评价指标之间的相对重要性和逻辑关系，但可能受到专家个人偏见、认知局限以及主观随意性的影响；而客观赋权法则基于数据的统计特性，通过量化分析确定权重，具有较高的客观性和可重复性，但可能忽略评价指标的实际意义和价值导向。因此，组合赋权法应运而生，旨在通过两者的有机结合，实现优势互补，提升权重分配的科学性和合理性。

（二）主观赋权法与客观赋权法的互补性

主观赋权法通常包括德尔菲法、层次分析法等，这些方法通过专家咨询、问卷调查或小组讨论等方式，收集专家对评价指标重要性的主观判断，并据此确定权重。它们能够深入挖掘评价指标背后的逻辑关系和实际价值，但结果可能因专家意见的不一致性而波动。相比之下，客观赋权法则基于数据的变异程度、相关性、信息量等统计特性，通过数学方法计算得出权重，如熵权法、变异系数法等。这些方法能够减少人为因素的干扰，确保权重分配的客观性和稳定性，但可能忽略评价指标的特定背景和实际需求。组合赋权法正是通过整合这两种方法的优势，既考虑专家的主观认知，又兼顾数据的客观特性，使权重分配更加全面和准确。

（三）组合赋权法的实施步骤

组合赋权法的实施通常包括以下几个步骤：首先，根据评价对象的特性和评价目的，选择合适的主观赋权法和客观赋权法；其次，分别运用这两种方法确定各评价指标的初步权重；然后，采用一定的组合策略，如加权平均法、最小二乘法或模糊综合评判法等，将两种方法的权重进行有机结合，得到综合权重；最后，对综合权重进行检验和调整，确保权重分配的科学性和合理性。在这个过程中，如何确定组合策略是关键所在，它直接影响组合赋权法的最终效果。因此，在选择组合策略时，应充分考虑评价对象的特点、评价指标的性质以及评价目的的要求。

（四）组合赋权法的优势与应用前景

组合赋权法通过融合主观与客观的优势，为复杂系统的权重分配提供了一种更为科学、合理且全面的解决方案。它不仅能够减少单一赋权方法可能带来的偏差和局限性，还能够提高权重分配的准确性和可靠性。在实际应用中，组合赋权法已被广泛应用于环境评价、经济管理、社会科学研究等多个领域，并取得了显著成效。随着大数据、人工智能等技术的不断发展，组合赋权法也将迎来更加广阔的发展前景。通过不断优化组合策略、提高数据处理能力和智能化水平，组合赋权法将在未来综合评价领域发挥更加重要的作用。

二、线性加权组合法

（一）线性加权组合法概述

线性加权组合法作为一种常见的综合评价方法，通过为各评价指标分配相应的权重，并将这些权重与对应指标的评价值相乘后求和，从而得到综合评价值。该方法因其简单直观、易于理解和实施而广泛应用于环境绩效评估、经济决策、社会科学研究等多个领域。线性加权组合法的核心在于权重的合理确定和加权求和过程的准确执行，它能够综合考虑多个因素对评价对象的影响，为科学决策提供有力支持。

（二）权重的确定原则

在线性加权组合法中，权重的确定是关键步骤之一。权重反映了各评价指标在综合评价中的重要性程度，其确定应遵循以下原则：一是客观性原则，即权重应基于数据分析和专家判断，客观反映评价指标的实际影响；二是系统性原则，权重分配应考虑评价指标之间的内在联系和相互作用，确保评价体系的整体性和协调性；三是可比性原则，权重应使得不同评价指标之间具有可比性，便于综合评价和比较分析；四是灵活性原则，权重可根据实际情况进行调整和优化，以适应不同评价目的和需求。

（三）加权求和的具体实现

加权求和是线性加权组合法的核心环节。在这一过程中，首先需要将各评价指标的原始数据或经过预处理的数据与对应的权重相乘，得到各指标的加权值。然后，将这些加权值进行求和运算，得到综合评价对象的总得分。具体操作时，需要注意以下几点：一是确保权重的准确性和合理性，避免由于权重设置不当导致的评价偏差；二是保持评价指标的一致性和可比性，确保加权求和过程的公平性和有效性；三是注意数据的标准化处理，以消除不同评价指标之间由于量纲和量级差异带来的影响；四是考虑评价指标的权重可能随时间、环境等因素的变化而调整，保持评价体系的动态性和适应性。

（四）线性加权组合法的优势与应用

线性加权组合法具有诸多优势，如计算简便、易于理解和实施、能够综合考虑多个因素等。这使得它在环境绩效评估、经济管理、社会科学研究等领域得到了广泛应用。在环境绩效评估中，线性加权组合法可以根据不同的环境指标（如空气质量、水质、噪音污染等）设定相应的权重，通过加权求和得到环境绩效的综合评价值，为政府决策、企业管理和公众监督提供科学依据。此外，线性加权组合法还可以与其他评价方法相结合，形成更加全面、科学的评价体系，以满足不同评价需求。然而，也应注意到线性加权组合法存在的局限性，如权重确定的主观性、评价指标间的相关性等问题，需要在实际应用中加以注意和解决。

三、最小二乘法优化组合

（一）最小二乘法的基本原理

最小二乘法是一种数学优化技术，它通过最小化误差的平方和来寻找数据的最佳函数匹配。在权重分配领域，最小二乘法可以被用来优化主观权重与客观权重之间的组合比例，以确保评价结果的准确性和可靠性。这种方法基于一个假设，即最优的权重组合应该使得整体评价误差达到最小。

（二）主观权重与客观权重的融合需求

在综合评价中，主观权重通常基于专家的经验和判断，能够反映评价对象的特定属性和重要性；而客观权重则通过数据分析得出，反映了数据本身的内在规律和变异性。两者各有优缺点，单独使用难以全面反映评价对象的真实情况。因此，将主观权重与客观权重相结合，优化它们的组合比例，是提高评价效果的重要途径。

（三）构建优化模型

利用最小二乘法优化主观与客观权重的组合比例，首先需要构建一个优化模型。该模型应包括两部分：一是评价误差的计算公式，用于衡量不同权重组合下评价结果的准确性；二是权重组合的约束条件，如权重之和为1、各权重值非负等。通过最小化评价误差的平方和，可以求解出最优的权重组合比例。

（四）求解最优权重组合

在构建好优化模型后，接下来是求解最优权重组合的过程。这通常涉及数学规划或优化算法的应用。最小二乘法作为一种数学优化方法，可以通过迭代求解的方式找到使得评价误差最小的权重组合。在求解过程中，需要考虑算法的收敛性、计算效率和稳定性等因素，以确保求解结果的准确性和可靠性。

（五）优化结果的验证与调整

最优得到权重组合后，还需要进行验证和调整工作。验证的目的是检验优化结果是否符合实际情况和预期目标。这可以通过将优化后的权重组合应用于实际评价中，观察评价结果的合理性和一致性来实现。如果发现评价结果存在偏差或不合理之处，需要对优化模型或求解过程进行调整和改进。此外，随着评价对象和环境的变化，权重组合也需要定期进行评估和调整，以保持评价结果的时效性和准确性。

（六）最小二乘法的优势与挑战

利用最小二乘法优化主观与客观权重的组合比例具有显著的优势。它能够通过数学方法客观地确定权重组合比例，减少人为因素的干扰和误差；同时，它还能够充分利用主观权重和客观权重的优点，提高评价结果的全面性和准确性。然而，该方法也面临一些挑战。例如，如何合理构建评价误差的计算公式和权重组合的约束条件；如何确保求解过程的稳定性和收敛性；如何对优化结果进行有效的验证和调整等。这些都需要在实际应用中不断探索和完善。

四、博弈论组合赋权

（一）博弈论引入组合赋权的背景

在复杂的多指标评价体系中，不同赋权方法往往会产生各异的权重分配结果，这直接影响了综合评价的准确性和公正性。为了寻求一种更为合理且被广泛接受的权重确定方式，博弈论作为一种研究决策主体在相互依存环境中如何进行策略选择的数学理论，被巧妙地引入到了组合赋权领域。博弈论组合赋权法通过模拟不同赋权方法之间的"博弈"过程，旨在找到一个平衡点，使得各方法之间的权重分配既体现了各自的合理性，又能在整体上达到最优。

（二）博弈论组合赋权的基本原理

博弈论组合赋权的基本原理在于，将每一种赋权方法视为一个独立的决策主体（或称"玩家"），它们各自拥有一定的"力量"或"影响力"，这种力量体现在其所能产生的权重分配结果上。在博弈过程中，各决策主体会根据自身的利益诉求和外部环境的变化，不断调整自己的策略，以寻求在整体权重分配中的最大利益。通过多次的"谈判"和"妥协"，最终形成一个各方都能接受的权重分配方案。这个方案不仅体现了各赋权方法的独特贡献，也兼顾了整体评价体系的平衡性和公正性。

（三）博弈论组合赋权的实施步骤

博弈论组合赋权的实施通常包括以下几个步骤：首先，明确评价目标和评价指标，选择多种合适的赋权方法作为博弈的决策主体；其次，根据各赋权方法的特点和优势,设定其初始的"力量"或"影响力"参数;然后,通过构建博弈模型,模拟各决策主体之间的相互作用和策略调整过程;在博弈过程中,不断迭代计算各方法的权重分配结果,直至达到一个稳定的平衡点;最后,根据博弈结果确定各评价指标的综合权重,并进行必要的检验和调整。

(四)博弈论组合赋权的优势与挑战

博弈论组合赋权法具有显著的优势。一方面,它能够充分考虑不同赋权方法的独特性和差异性,通过博弈过程实现优势互补和利益均衡;另一方面,它能够减少人为因素的干扰和主观判断的偏差,提高权重分配的客观性和科学性。然而,博弈论组合赋权也面临着一些挑战。首先,博弈模型的构建和参数的设定需要较高的专业知识和技术水平;其次,博弈过程的复杂性和不确定性可能导致计算量大、收敛速度慢等问题;最后,如何确保博弈结果的公正性和可接受性也是一个需要关注的问题。

博弈论组合赋权法为复杂系统的权重分配提供了一种新颖且有效的解决方案。通过模拟不同赋权方法之间的博弈过程,该方法能够找到一个既合理又公正的权重分配方案,为综合评价的准确性和公正性提供了有力保障。随着博弈论理论的不断发展和完善,博弈论组合赋权法将在更多领域得到广泛应用和推广。

五、组合赋权法的优势与挑战

(一)组合赋权法的全面优势

组合赋权法作为多种赋权方法综合运用的结果,其首要优势在于显著提高了评价的全面性和准确性。该方法通过结合多种赋权技术,如熵权法、复相关系数法、专家打分法等,不仅考虑了数据本身的信息量、指标间的相互关系,还融入了专家的专业知识和经验判断,从而形成了更为科学、合理的权重分配体系。这种多维度的考量方式，使得评价结果能够更全面地反映评价对象的实际情况，减少了单一赋权方法可能带来的片面性和偏差。

此外，组合赋权法还具有较强的灵活性和适应性。在面对复杂多变的评价环境和多样化的评价需求时，组合赋权法能够根据实际情况调整和优化各赋权方法的组合方式和权重比例，以确保评价结果的准确性和有效性。这种灵活性使得组合赋权法能够在不同领域、不同场景中得到广泛应用，为各种决策提供有力支持。

（二）权重组合比例的确定难题

尽管组合赋权法具有诸多优势，但其在实际应用中仍面临一些挑战，其中最为突出的便是权重组合比例的确定问题。由于组合赋权法涉及多种赋权方法的综合运用，每种方法都会给出各自的权重分配结果。然而，如何科学合理地确定这些权重之间的组合比例，使得整个评价体系的权重分配既符合实际情况又能够充分发挥各种方法的优势，是一个亟待解决的问题。

权重组合比例的确定需要考虑多种因素，包括各赋权方法的优缺点、评价指标的特性、评价对象的具体情况等。如果组合比例设置不当，可能会导致评价结果偏离实际情况，甚至产生误导作用。因此，在确定权重组合比例时，需要采用科学的方法和严谨的态度，充分考虑各种因素的影响，确保最终得到的权重分配结果既客观公正又符合实际需求。

（三）数据处理与计算的复杂性

组合赋权法的另一个挑战在于数据处理与计算的复杂性。由于该方法结合了多种赋权技术，因此需要对大量数据进行收集、整理和分析。在数据处理过程中，需要确保数据的准确性和完整性，避免数据错误或缺失对评价结果产生影响。同时，在计算过程中也需要采用合适的方法和工具，以确保计算结果的准确性和可靠性。这种复杂的数据处理和计算过程对评价人员的能力和素质提出了较高的要求，需要评价人员具备扎实的专业知识和技能。

（四）综合评价体系的持续优化

为了充分发挥组合赋权法的优势并应对其面临的挑战，需要不断优化和完善综合评价体系。一方面，可以通过引入新的赋权方法和技术来丰富和完善评价手段；另一方面，也需要根据评价结果的反馈和实际情况的变化及时调整和优化权重组合比例及评价指标体系。同时，还需要加强对评价人员的培训和教育，提高其专业能力和素质水平，以更好地适应综合评价工作的需要。通过这些措施的实施，可以不断推动综合评价体系的发展和完善，为各种决策提供更加科学、合理的支持。

第五节　权重确定方法的选择

一、方法选择的影响因素

（一）评价目的的明确性

在选择权重确定方法时，评价目的是首要考虑的因素。不同的评价目的直接决定了权重分配的重点和倾向。例如，若评价旨在突出创新性，则可能会倾向于选择那些能够更好反映创新能力的指标，并在权重分配中给予这些指标更高的权重。相反，若评价侧重于稳定性和可靠性，则可能会选择与之相关的指标，并相应调整权重。因此，明确评价目的，有助于精准定位权重分配的方向，确保评价结果与预期目标一致。

（二）数据特点的多样性

数据特点是影响权重确定方法选择的另一重要因素。数据的类型、规模、分布特性等都会影响权重分配的策略。例如，对于大规模数据集，可能需要采用能够处理高维数据和复杂关系的方法，如主成分分析法或机器学习算法。而对于小规模或特定分布的数据，简单的统计方法或专家打分法可能更为适用。此外，数据的准确性和完整性也是不可忽视的，它们直接影响到权重分配的科学性和可靠性。因此，在选择权重确定方法时，必须充分考虑数据的实际情况和特点。

（三）评价对象特性的复杂性

评价对象的特性也是影响权重确定方法选择的重要因素之一。不同评价对象具有不同的属性和特征，这些属性和特征往往决定了权重分配的复杂性和难度。例如，对于多因素、多层次的评价对象，可能需要采用层次分析法或网络分析法等复杂方法，以充分考虑各因素之间的相互作用和影响。而对于单一因素或简单结构的评价对象，则可能采用更为直接和简单的权重分配方法。此外，评价对象的动态性和不确定性也需要考虑在内，以确保权重分配能够适应评价对象的变化和发展。

（四）方法与环境的适应性

在选择权重确定方法时，还需要考虑方法与评价环境的适应性。评价环境包括组织文化、制度背景、技术条件等多个方面。不同的评价环境对权重确定方法有不同的要求和限制。例如，在某些组织文化中，可能更加注重专家经验和主观判断，因此在权重分配中可能会更多地依赖专家打分法。而在技术条件较为成熟的环境中，则可能更倾向于采用基于大数据和人工智能的自动化权重分配方法。因此，在选择权重确定方法时，必须充分考虑评价环境的实际情况和需求，以确保方法的可行性和有效性。

影响权重确定方法选择的因素是多方面的，包括评价目的、数据特点、评价对象特性以及方法与环境的适应性等。在实际应用中，需要综合考虑这些因素，并根据具体情况灵活选择和调整权重确定方法，以确保评价结果的公正性、合理性和有效性。

二、综合考量原则

（一）适用性原则的深入剖析

在选择权重确定方法时，首要考虑的是方法的适用性。适用性不仅指该方法能否满足特定评价体系的实际需求，还包括方法是否与被评价对象的特性相契合。不同的评价对象和评价目的往往要求不同的权重分配策略。例如，对于包含大量定量数据的评价体系，采用基于统计特性的客观赋权法可能更为合适；而对于依赖专家判断的领域，如文化艺术评价，则可能需要结合主观赋权法来反映专业意见。因此，选择权重确定方法时，必须深入分析评价体系的特点和需求，确保所选方法能够准确反映评价对象的本质特征。

（二）可操作性的全面评估

可操作性是选择权重确定方法时不可忽视的另一个重要因素。可操作性涵盖了方法的计算复杂度、数据获取难度以及实施过程中的便利性等多个方面。一个具有良好可操作性的方法，应当能够在有限的时间和资源下高效地完成权重分配任务，同时降低实施过程中的技术门槛和人力成本。例如，某些复杂的数学模型虽然理论上能够提供精确的权重分配结果，但如果其计算过程烦琐、数据要求高且难以解释，则可能在实际应用中受到限制。因此，在选择权重确定方法时，需要对方法的可操作性进行全面评估，确保其在实践中具有可行性。

（三）公正性的核心地位

公正性是权重确定过程中必须坚守的基本原则。权重分配的公正性直接影响评价结果的公信力和可信度。为了确保公正性，选择权重确定方法时应遵循客观、中立和透明的原则。客观性要求方法能够基于数据或专家意见进行无偏见的计算；中立性则强调方法不应受到任何外部利益或偏见的影响;透明度则是指方法的计算过程和结果应当清晰可见,便于监督和验证。此外,为了进一步提升公正性,还可以考虑引入多方参与和协商机制,让不同利益相关方在权重确定过程中充分表达意见和诉求。

(四)兼容性与可扩展性的考量

在选择权重确定方法时,还需要考虑其兼容性和可扩展性。兼容性是指所选方法能否与现有的评价体系和技术平台无缝对接,避免因技术不兼容而增加额外的转换或整合成本。可扩展性则是指方法在未来能否适应评价体系的发展和变化,如评价指标的增加、删除或调整等。一个具有良好兼容性和可扩展性的权重确定方法,能够降低评价体系的维护成本,提高系统的灵活性和适应性。因此,在选择方法时,应关注其技术架构、接口标准以及是否支持模块化或插件化设计等特性,以确保其能够满足未来发展的需要。

选择权重确定方法时应遵循综合考量原则,全面评估方法的适用性、可操作性、公正性、兼容性和可扩展性等多个方面。只有在充分考虑这些因素的基础上,才能选择出最适合特定评价体系的权重确定方法,为综合评价的准确性和公正性提供有力保障。

三、方法组合的灵活性

(一)适应多样需求的灵活性

在复杂多变的评价场景中,不同的评价对象、评价目的和评价环境往往对权重确定方法提出不同的要求。方法组合的灵活性正是为了满足这种多样性需求而设计的。它允许评价者根据具体情况,灵活选择和组合多种权重确定方法,如主观赋权法(如专家打分法、层次分析法)与客观赋权法(如熵权法、主成分分析法)的结合,或是不同客观赋权方法之间的互补使用。这种灵活性确保了评价体系的针对性和有效性,使得评价结果更加贴近实际,更具说服力。

(二)优化评价结果的准确性

单一权重确定方法可能因信息来源单一、考虑因素不全面而导致评价结果的偏差。而通过灵活组合多种方法,可以充分利用各种方法的优势,弥补单一方法的不足。例如,主观赋权法能够融入专家的专业知识和经验判断,反映评价对象的非量化特征;而客观赋权法则能基于大量数据,通过统计分析揭示指标间的内在关系和重要程度。两者的结合,既能体现专家的主观意愿,又能反映数据的客观规律,从而优化评价结果的准确性。

(三)提升评价体系的稳健性

在实际应用中,评价环境可能因外部因素的变化而发生波动,如政策调整、市场环境变化等。这些变化可能对单一权重确定方法的稳定性和可靠性产生影响,进而影响评价结果的稳健性。而方法组合的灵活性使得评价体系能够灵活应对这些变化,通过调整权重组合比例或引入新的权重确定方法,保持评价体系的稳健性和适应性。这种能力对于长期跟踪评价和动态调整策略尤为重要。

(四)促进评价方法的创新与发展

方法组合的灵活性还体现在对评价方法的不断创新和发展上。随着科学技术的进步和评价理论的深化,新的权重确定方法不断涌现。通过灵活组合这些新方法与传统方法,可以产生新的评价思路和评价模式,推动评价方法的创新和发展。这种创新不仅丰富了评价工具库,也为解决复杂评价问题提供了更多选择和可能性。同时,它也促进了评价学科与其他学科的交叉融合,推动了学科的发展和进步。

方法组合的灵活性是组合赋权法在实际应用中的一大优势。它使得评价者能够根据需要灵活选择和组合不同的权重确定方法,以达到最佳评价效果。这种灵活性不仅提升了评价结果的准确性和稳健性,还促进了评价方法的创新与发展。因此,在构建综合评价体系时,应充分考虑方法组合的灵活性，并积极探索和实践多种方法的有机结合。

四、实践检验与调整

（一）实践检验的必要性

权重确定方法的选择并非一劳永逸的过程，而是需要经历实践检验并不断调整优化的动态循环。权重确定方法的有效性需要在实践中得到验证。通过实践检验，我们可以发现方法在实际应用中存在的问题和不足，进而进行有针对性的改进和优化。这种基于实践反馈的迭代过程，有助于提升权重分配的准确性和科学性，确保评价结果更加贴近实际情况。

（二）初期应用的审慎性

在初步选定权重确定方法后，应持审慎态度将其应用于实际评价中。初期应用时，应选择具有代表性的小范围数据或模拟场景进行试运行，以观察方法的适用性和稳定性。这一过程中，需要密切关注评价结果的变化趋势和异常情况，及时记录并分析问题产生的原因。通过初期应用的审慎探索，可以为后续的大规模应用积累宝贵经验，并降低潜在的风险。

（三）反馈机制的建立

为了确保权重确定方法能够持续适应评价需求的变化，需要建立一套有效的反馈机制。该机制应包括评价结果的定期回顾、用户反馈的收集与分析以及方法调整的决策流程等。通过定期回顾评价结果，可以及时发现方法在实际应用中的偏差和不足；通过收集用户反馈，可以了解评价对象对权重分配结果的认可度和改进建议；通过方法调整的决策流程，可以确保调整措施的合理性和科学性。反馈机制的建立，为权重确定方法的持续优化提供了有力保障。

（四）持续优化与迭代

基于实践检验和反馈机制的结果，权重确定方法应不断进行优化和迭代。优化工作可以包括改进算法逻辑、调整参数设置、引入新的数据源等，以提高方法的准确性和适应性。迭代过程则是一个循环往复的过程，需要不断将优化后的方法应用于实践检验中，并根据新的反馈结果进行再次调整。通过这种持续优化与迭代的模式，可以确保权重确定方法始终保持与时俱进的状态，更好地服务于评价工作的需要。

（五）关注外部环境变化

在调整和优化权重确定方法的过程中，还需要密切关注外部环境的变化。外部环境的变化可能包括政策法规的调整、技术创新的涌现以及社会需求的变迁等。这些变化都可能对评价工作产生深远影响，进而对权重确定方法提出新的要求。因此，我们需要保持敏锐的市场洞察力和前瞻性的思维方式，及时调整方法以适应外部环境的变化。同时，我们还需要加强与其他领域的交流与合作，借鉴其他领域的先进经验和做法，为权重确定方法的优化和创新提供新的思路和方向。

权重确定方法的选择并非一成不变的过程，而需要通过实践检验不断调整和优化。在实践检验中发现问题和不足；在反馈机制中收集和分析用户意见；在持续优化与迭代中提升方法的准确性和适应性；在关注外部环境变化中保持方法的与时俱进。只有这样，我们才能确保权重确定方法始终符合评价工作的需要，为评价结果的公正性、合理性和有效性提供有力保障。

第七章 企业可持续发展绩效评价体系的持续优化

第一节 绩效评价体系的动态调整机制

一、市场与环境变化的监测

（一）监测体系构建的重要性

在快速变化的市场环境中，企业若想实现可持续发展，建立一套高效、全面的市场与环境变化监测体系显得尤为重要。这一体系不仅是企业感知外界变化的"神经末梢"，更是制订战略决策、调整经营策略的重要基石。通过实时监测，企业能够迅速捕捉市场动态、政策导向、技术革新以及消费者需求变化等关键信息，从而提前预判风险，把握机遇，确保在激烈的竞争中保持领先地位。

（二）多维度监测框架的搭建

构建市场与环境变化的监测体系，需从多个维度入手，形成全方位、立体化的监测网络。首先，是市场趋势的监测，包括行业规模、增长率、竞争格局、消费者行为等方面的数据收集与分析，帮助企业把握市场脉搏，明确市场定位。其次,是政策环境的监测,重点关注政府政策、法律法规、国际贸易规则等方面的变化,确保企业经营活动合法合规,同时利用政策红利促进发展。再者,是技术动态的监测,紧跟科技发展前沿,关注新技术、新工艺、新材料的应用趋势,为企业技术创新和产品升级提供方向。此外,还需关注自然环境、社会文化等外部环境的变化,评估其对企业可持续发展的潜在影响。

(三)高效信息收集与处理机制

为确保监测体系的有效运行,必须建立高效的信息收集与处理机制。这包括构建多元化的信息来源渠道,如行业报告、市场调研、社交媒体、专业论坛等,确保信息的全面性和时效性。同时,运用先进的数据分析工具和算法,对收集到的信息进行深度挖掘和智能分析,提炼出有价值的信息点和洞察。此外,还应建立信息共享与协作平台,促进企业内部各部门之间的信息流通与协同工作,提高决策效率和准确性。

(四)风险预警与应对机制的完善

监测体系的核心价值在于其风险预警功能。通过对市场与环境变化的持续监测和分析,企业能够及时发现潜在的风险因素,如市场竞争加剧、政策调整带来的不确定性、技术迭代导致的淘汰风险等。在此基础上,企业应建立完善的风险预警与应对机制,制订有针对性的风险防范措施和应急预案。这包括调整经营策略、优化资源配置、加强技术研发、拓展新兴市场等多个方面,以确保企业在面对风险时能够迅速响应、有效应对,实现稳健发展。

建立市场与环境变化的监测体系是企业实现可持续发展的重要保障。通过构建多维度监测框架、建立高效信息收集与处理机制以及完善风险预警与应对机制,企业能够敏锐感知外界变化,及时调整经营策略,把握发展机遇,为企业的长远发展奠定坚实基础。

二、定期复审与评估

（一）复审周期的重要性

在绩效评价体系中，设定固定的复审周期是确保体系持续有效运行的关键环节。复审周期的设定不仅是对过去评价工作的回顾与总结，更是对未来评价工作方向的指引与调整。通过定期的复审，可以及时发现评价体系中存在的问题与不足，如指标设置的合理性、权重分配的准确性、评价流程的顺畅性等，从而有针对性地进行改进和优化。这种周期性的评估机制，有助于保持评价体系的时效性和适应性，确保其能够紧跟组织发展步伐，满足不断变化的管理需求。

（二）全面评估的维度

复审与评估工作应涵盖绩效评价体系的各个方面，包括但不限于以下几个方面：一是评价指标的适用性评估，即检查评价指标是否全面、准确地反映了评价对象的实际情况，是否有助于实现评价目的；二是权重分配的合理性评估，分析权重分配是否科学、公正，是否充分考虑了各指标的重要性和影响力；三是评价流程的规范性评估，审视评价流程是否严谨、高效，是否存在冗余或缺失的环节；四是评价结果的反馈与应用评估，考察评价结果是否得到了有效的反馈和应用，是否对组织决策和管理产生了积极影响。通过这些维度的全面评估，可以系统地识别出评价体系中的薄弱环节和潜在问题。

（三）问题识别与改进策略

在复审过程中，一旦发现问题和不足，应立即启动改进机制。针对评价指标的适用性问题，可以通过调研、咨询等方式收集更多信息，对指标进行修订或增减；对于权重分配的合理性问题，可以运用更科学的赋权方法重新分配权重，确保权重分配更加公正合理；针对评价流程的规范性问题，可以优化流程设计，简化不必要的环节，提高评价效率；对于评价结果的反馈与应用问题，应建立健全的反馈机制和应用机制，确保评价结果能够得到有效利用。同时，还应注重总结经验和教训，将复审中发现的问题和改进措施纳入评价体系的长效管理机制中，为未来的评价工作提供借鉴和参考。

（四）复审与评估的持续性

复审与评估不是一次性的工作，而应成为绩效评价体系中的常态化机制。随着组织内外环境的变化和管理需求的不断升级，绩效评价体系也需要不断进行调整和完善。因此，应设定合理的复审周期（如每年、每两年或根据项目周期确定），定期对评价体系进行全面评估。同时，还应建立复审与评估的跟踪机制，对改进措施的实施效果进行持续跟踪和评估，确保改进措施得到有效落实并取得预期效果。这种持续性的复审与评估机制，有助于保持评价体系的活力和生命力，推动其不断向更高水平发展。

三、反馈机制与改进循环

（一）构建多维度反馈渠道

在建立反馈机制时，首要任务是构建多维度的反馈渠道，以确保能够全面、及时地收集各利益相关者的意见和建议。这包括但不限于正式的反馈表单、在线调查平台、定期的面谈会议以及社交媒体和非正式交流渠道等。每种渠道都有其独特的优势，如正式反馈表单便于统计和分析，而社交媒体则能捕捉到更多即时的情感反应。通过综合运用这些渠道，可以形成一个覆盖广泛、层次丰富的反馈网络。

（二）明确反馈收集的重点

在收集反馈时，需要明确重点，聚焦于那些对权重确定方法及其结果有直接影响的关键因素。这包括但不限于方法的适用性、公正性、准确性以及其对评价结果的影响程度等。同时,也要关注利益相关者的具体需求和期望,了解他们对权重分配结果的理解、接受度以及改进建议。通过明确反馈收集的重点,可以确保收集到的信息具有针对性和价值性,为后续的分析和改进提供有力支持。

(三)建立快速响应机制

为了确保反馈机制的有效性,必须建立快速响应机制,对收集到的反馈进行及时分析和处理。这要求相关团队具备高效的信息处理能力,能够迅速识别反馈中的关键问题,并制订相应的解决方案或调整措施。同时,还需要建立有效的沟通机制,及时向利益相关者反馈处理结果和改进进展,以增强他们的参与感和信任度。通过快速响应机制,可以确保反馈得到及时有效的处理,促进持续改进的良性循环。

(四)形成持续改进的闭环

反馈机制的核心在于形成持续改进的闭环。这意味着在收集到反馈并进行分析处理后,需要将这些结果纳入到权重确定方法的优化和改进过程中。通过不断地调整和完善方法,提高其适用性和准确性,以满足利益相关者的需求和期望。同时,还需要对改进效果进行定期评估,以验证改进措施的有效性,并发现新的问题和机会点。这样,就形成了一个从反馈收集到分析处理、再到方法改进和效果评估的完整闭环,推动了权重确定方法的持续优化和升级。

(五)强化沟通与协作

在建立反馈机制和形成持续改进闭环的过程中,沟通与协作至关重要。各利益相关者之间需要保持密切的沟通和协作关系,共同参与到权重确定方法的优化和改进中来。通过定期召开会议、组织研讨活动等方式,促进信息的交流和共享,增强彼此的理解和信任。同时,还需要建立跨部门、跨领域的协作机制,打破信息壁垒和资源限制,共同推动权重确定方法的创新和发展。

建立有效的反馈机制并形成持续改进的闭环是确保权重确定方法持续优化和升级的关键。通过构建多维度反馈渠道、明确反馈收集的重点、建立快速响应机制、形成持续改进的闭环以及强化沟通与协作等措施的实施，可以不断提高权重确定方法的适用性和准确性，为评价工作的公正性、合理性和有效性提供有力保障。

四、灵活性与适应性调整

（一）灵活性的核心价值

在快速变化的商业环境中，绩效评价体系的灵活性是企业应对不确定性、保持竞争力的关键。灵活性不仅意味着体系能够迅速响应内外部环境的细微变动，还体现在其能够根据企业战略目标的调整而自我优化，确保评价标准的时效性和针对性。一个具备高度灵活性的绩效评价体系，能够激发员工的创新活力，促进组织内部的持续改进，确保企业在复杂多变的市场中保持领先地位。

（二）外部环境变化的适应性策略

外部环境的变化，如市场需求、竞争格局、政策法规的调整等，都要求绩效评价体系具备相应的适应性。企业应定期审视市场趋势，分析外部环境变化对业务运营的影响，并据此调整绩效评价指标和权重。例如，当市场环境转向更加注重产品质量和服务体验时，企业应相应增加相关维度的评价权重，引导员工和团队提升产品和服务质量。此外，企业还应关注行业标准和最佳实践的更新，确保绩效评价体系始终与行业发展保持同步。

（三）内部能力提升的匹配性调整

绩效评价体系不仅是对外部环境的响应，也是对内部能力提升的推动。随着企业战略规划的更新和内部能力的提升，绩效评价体系也应进行相应的匹配性调整。这包括根据企业战略目标的调整，重新设定关键绩效指标，确保评价体系与企业发展方向一致；同时，关注企业内部流程优化、技术革新、人才培养等方面的变化，将相关成果纳入绩效评价范畴，激励员工积极参与内部变革，共同推动企业向前发展。

（四）持续反馈与动态优化机制

为了确保绩效评价体系的灵活性和适应性，建立持续反馈与动态优化机制至关重要。企业应建立多渠道、多层次的反馈体系，鼓励员工和管理层就绩效评价过程、结果及改进建议进行积极沟通。通过定期收集和分析反馈意见，企业可以及时发现评价体系中的不足和待改进之处，并据此进行动态调整和优化。此外，企业还应关注绩效评价体系的实施效果，通过数据分析和对比评估，验证调整后的体系是否更加符合企业实际情况和战略目标，从而实现绩效评价体系的持续优化和升级。

确保绩效评价体系具备足够的灵活性和适应性调整能力，是企业应对复杂多变商业环境、保持竞争优势的重要措施。通过构建灵活的评价体系、制订适应性策略、实现内部能力提升的匹配性调整以及建立持续反馈与动态优化机制，企业可以确保绩效评价体系始终与企业战略目标保持一致，激发员工潜能，推动组织变革和创新，为企业的长远发展奠定坚实基础。

五、持续改进的文化氛围

（一）文化氛围的基础性作用

在企业管理中，文化氛围是引领组织行为、塑造员工价值观的无形力量。对于绩效评价体系的持续优化而言，培育一种持续改进的文化氛围至关重要。这种文化氛围不仅为评价体系的优化提供了肥沃的土壤，还激发了全体员工参与其中的热情和动力。它强调了对现状的不满足和对卓越的追求，鼓励员工勇于挑战、敢于创新，共同推动绩效评价体系的不断完善。

（二）全员参与的重要性

绩效评价体系的优化不是少数人的工作，而需要全体员工的共同努力。因为员工是评价体系的直接使用者，他们的声音和反馈对于发现问题、提出改进建议至关重要。通过鼓励全员参与，可以集思广益，汇聚更多智慧和创意，为评价体系的优化提供更多元化的视角和解决方案。同时，全员参与还能增强员工的归属感和责任感，使他们更加关注评价体系的运行效果，积极为体系的持续改进贡献力量。

（三）建立反馈与沟通机制

为了促进全员参与和持续改进，必须建立有效的反馈与沟通机制。这包括设立专门的反馈渠道，如意见箱、在线平台等，方便员工随时提出意见和建议；定期组织座谈会、研讨会等活动，邀请员工代表与管理层面对面交流，共同探讨评价体系的优化方向；以及建立快速响应机制，对员工的反馈和建议进行及时处理和回复，让员工感受到自己的声音被重视和尊重。通过这些措施，可以形成一个开放、包容、互动的沟通环境，为评价体系的持续改进奠定坚实基础。

（四）强化培训与引导

持续改进的文化氛围需要全体员工的共同认同和践行。因此，必须加强对员工的培训和引导工作。一方面，要通过培训提高员工对绩效评价体系的认知和理解水平，使他们了解评价体系的重要性、基本原理和操作方法；另一方面，要引导员工树立持续改进的意识和观念，让他们认识到持续改进是组织发展的必然要求和个人成长的重要途径。同时，还要通过表彰先进、树立典型等方式激励员工积极参与评价体系的优化工作，形成比学赶超的良好氛围。

（五）领导层的示范与推动

在培育持续改进的文化氛围过程中，领导层的示范和推动作用不可忽视。领导层作为组织的引领者和决策者，他们的言行举止对全体员工具有重要影响。因此，领导层应率先垂范，积极践行持续改进的理念和精神；同时要加强与员工的沟通和互动，及时了解员工的想法和需求；还要为评价体系的优化提供必要的资源和支持保障。通过领导层的示范和推动，可以加速持续改进文化氛围的形成和巩固为绩效评价体系的持续优化注入强大动力。

第二节 评价指标的更新与优化

一、指标时效性与相关性审查

（一）时效性评估与动态调整

在构建并维护任何评价体系时，确保指标的时效性至关重要。随着市场环境、技术革新、政策导向及企业战略的持续变化，原本具有重要意义的指标可能逐渐失去其预测力或指导意义。因此，定期（如每季度或每年）对评价指标进行时效性评估，是保持评价体系生命力的关键步骤。这一过程涉及深入分析指标背后的数据变化趋势，识别哪些指标已无法准确反映当前状况或未来趋势，进而果断剔除这些"僵尸"指标。同时，建立动态调整机制，根据新兴趋势和战略重点，引入新的、更具前瞻性的指标，确保评价体系始终紧贴实际，引领发展。

（二）相关性检验与优化

相关性审查旨在确保评价体系中的各项指标与组织的核心目标、战略方向紧密相连，避免冗余和偏离主题的指标存在。通过对比各指标与组织关键绩效指标、部门目标及行业标准的关联度，可以清晰地识别出哪些指标是高度相关的，哪些则可能显得多余或偏离主题。在此基础上，对相关性不强的指标进行审慎分析，判断其是否具备保留价值或可通过调整提升其相关性。对于确实不再符合组织需求的指标,应果断优化调整,确保评价体系的精简高效,使每一项指标都能为组织的战略决策提供有力支持。

(三)跨部门协作与反馈循环

时效性与相关性审查不应是孤立的工作,而应成为跨部门协作的契机。通过组织跨部门会议,邀请来自不同业务单元、职能部门的代表共同参与讨论,可以汇集多元化的视角和见解,促进对评价指标的全面审视。同时,建立有效的反馈机制,鼓励员工对现行评价体系提出意见和建议,这有助于及时发现并解决潜在的问题,提升评价体系的公正性、透明度和接受度。通过持续的反馈循环,评价体系能够不断自我完善,更好地服务于组织的整体发展目标。

(四)文化融合与持续教育

评价指标的时效性与相关性审查还需与组织的文化相融合,确保这一过程成为推动组织变革和发展的重要力量。通过培训和教育活动,向全体员工普及评价体系的理念和重要性,提高大家对指标调整的认识和支持度。同时,将评价体系与组织的价值观、使命和愿景紧密联系起来,使每一个员工都能理解并认同这些指标背后的意义和价值。这样的文化融合不仅有助于提升员工的参与度和归属感,还能促进评价指标在组织内部的深入实施和有效落地。总之,定期对评价指标进行时效性和相关性审查是一项系统性工程,需要组织上下共同努力、持续推动。只有这样,才能确保评价体系始终与时俱进、精准有效,为组织的可持续发展提供有力保障。

二、新兴议题纳入考量

(一)新兴议题的重要性日益凸显

随着全球经济的不断发展,一系列新兴议题逐渐浮出水面,成为影响可持续发展不可忽视的因素。其中,气候变化和数字鸿沟作为两个极具代表性的议题，不仅关乎全球生态环境的未来，也深刻影响着经济社会的运行方式和人们的生活质量。因此，企业在构建或优化绩效评价指标体系时，必须将这些新兴议题纳入考量范围，以全面反映企业的社会责任和发展潜力。

（二）气候变化议题的深度融入

气候变化是当前全球面临的最严峻挑战之一，其影响范围广泛且深远。企业在绩效评价中纳入气候变化议题，意味着要关注企业在生产运营过程中对环境的影响，如碳排放量、能源利用效率等。这要求企业不仅要设定明确的减排目标，还要采取切实有效的措施来降低碳排放，提高资源利用效率。同时，企业还应关注气候变化对企业自身运营和供应链稳定性的潜在影响，通过风险评估和应对策略的制订，增强企业的韧性和适应能力。

（三）数字鸿沟的缩小与数字包容性

数字鸿沟是指不同群体或个人在获取、使用数字技术和信息方面的差距。随着数字经济的蓬勃发展，数字鸿沟问题日益凸显。企业在绩效评价中关注数字鸿沟议题，就是要评估企业在推动数字包容性发展方面的贡献和成效。这包括企业在数字技术应用上的创新与实践，如通过数字化手段提升服务质量和效率；以及企业在促进数字资源公平分配方面的努力，如为偏远地区或弱势群体提供数字教育和培训机会，缩小数字技能差距。通过这些举措，企业不仅能够提升自身的社会形象，还能为构建更加包容、公平的数字社会贡献力量。

（四）新兴议题融入的实践路径

将新兴议题纳入绩效评价指标体系并非一蹴而就的过程，需要企业从多个方面入手进行实践探索。首先，企业需要加强对新兴议题的学习和研究，深入了解其内涵、影响及发展趋势，为科学设定评价指标提供理论支撑。其次，企业应根据自身业务特点和实际情况，灵活设计评价指标和权重分配方案，确保评价体系的针对性和有效性。同时，企业还应建立健全的监测和评估机制,定期跟踪新兴议题相关指标的变化情况,及时发现问题并采取措施加以改进。最后,企业还应加强与社会各界的沟通与合作,共同推动新兴议题在更广泛范围内的关注和解决。

关注可持续发展领域的新兴议题并将其适时纳入评价指标体系是企业履行社会责任、推动可持续发展的重要举措。通过深入理解和实践新兴议题融入绩效评价的过程,企业不仅能够提升自身的发展质量和竞争力,还能为构建更加美好、可持续的未来贡献智慧和力量。

三、指标权重的动态调整

(一)权重动态调整的必要性

在深入探讨企业可持续发展绩效评价体系的运作机制时,权重动态调整的必要性如同体系中的一股活水,为整个评价过程注入了灵活性与生命力。这一机制的核心在于,它不仅仅是对评价指标重要性的简单量化,更是组织战略导向、市场环境变迁以及内部管理需求变化的敏锐捕捉与积极响应。

首先,在绩效评价体系中,每一个评价指标都承载着特定的信息,共同构成了对企业整体绩效的全面描绘。而权重,作为这些评价指标重要性的量化标尺,直接决定了它们在最终评价结果中的贡献度。如果权重设置不当或长期固定不变,就可能导致某些关键指标被忽视,而一些次要指标却过分放大,从而影响评价结果的准确性和公正性。特别是在一个快速变化的时代,组织面临的挑战和机遇日新月异,原有的权重分配很可能已无法准确反映当前的实际情况。因此,动态调整权重成为了确保评价结果与时俱进、贴近实际的必然选择。进一步地,权重动态调整对于提升评价体系的时效性和适应性具有重要意义。随着组织内外部环境的不断变化,企业的战略重点、市场定位以及内部管理需求都会发生相应的调整。这些变化要求评价体系能够迅速响应,通过调整权重来重新分配资源、优化流程、强化管理。例如,当企业面临严峻的环境挑战时,环境绩效指标的权重应当相应提高,以引导企业加大环保投入、提升绿色发展水平;而当市场竞争加剧时,市场绩效指标的权重则可能增加,以激励企业加强市场开拓、提升竞争力。这种灵活的调整机制使得评价体系能够始终与组织的实际发展情况保持同步,为企业的可持续发展提供有力支撑。

其次,权重动态调整还有助于及时反映组织发展的重点和方向。在企业的不同发展阶段和发展战略下,各评价指标的重要性和影响力会有所不同。通过动态调整权重,企业可以更加清晰地识别出当前阶段的关键成功因素和发展瓶颈,从而有针对性地制订改进措施和发展战略。这种精准的定位不仅有助于提升企业的整体绩效水平,还能增强组织的竞争力和市场适应性。同时,权重的动态调整也为企业内部的管理者和员工提供了明确的导向和激励,促使他们更加关注那些对企业长期发展至关重要的领域,并为之付出努力。

最后,权重动态调整是避免评价体系僵化和滞后的有效手段。任何一套评价体系都有其生命周期和适用范围。随着时间的推移和环境的变化,评价体系中的某些指标可能会变得不再适用或重要性降低。如果忽视这些变化而坚持使用原有的权重分配方式,就会导致评价体系的僵化和滞后,无法准确反映企业的实际情况和发展需求。通过动态调整权重,企业可以及时发现并解决这些问题,确保评价体系的时效性和准确性。这种灵活性和适应性不仅有助于提升评价体系的科学性和公正性,还能为企业的战略调整和决策制定提供更加可靠的数据支持。

权重动态调整在绩效评价体系中扮演着至关重要的角色。它不仅是确保评价结果准确性和公正性的关键所在,更是提升评价体系时效性和适应性、及时反映组织发展重点和方向、避免评价体系僵化和滞后的有效手段。因此,在构建和完善企业可持续发展绩效评价体系时,我们必须高度重视权重的动态调整机制，确保它能够随着组织内外部环境的变化而不断优化和完善。

（二）依据变化的敏锐捕捉

在构建与优化企业可持续发展绩效评价体系的过程中，确保指标权重能够灵活响应内外部环境的动态变化，是维持该体系时效性与指导性的关键。这一过程需要企业展现出高度的敏锐性与适应性，以精准捕捉每一个影响权重调整的微妙信号。

市场环境是企业生存的土壤，其变化不可预测却必须面对。全球化浪潮的推进、技术创新的加速、消费者偏好的快速变化……这些外部因素如同无形的风，不断影响着企业这艘航行在商海中的大船。为了在航行中保持稳健，企业必须具备敏锐的市场嗅觉，通过持续的市场调研、竞争对手分析以及消费者行为研究等手段，准确把握市场脉搏。当发现市场需求发生显著变化时，如新兴市场的崛起、消费者偏好的转移等，企业应及时评估这些变化对评价指标的影响，并据此调整相应指标的权重。例如，若市场对新能源产品的需求激增，那么与绿色创新、环保技术相关的评价指标权重应相应增加，以鼓励企业在这一领域加大投入，满足市场需求。与此同时，组织战略的调整也是推动权重动态变化的重要内部驱动力。企业如同生命体，随着外部环境的变化和内部条件的成熟，其战略方向也会发生相应调整。从快速增长到稳健经营，从产品导向到服务导向，每一次战略转型都伴随着评价指标权重的重新分配。这种调整并非盲目跟风，而是基于对企业自身资源、能力、优势与劣势的深刻认识。企业需要深入分析战略调整背后的逻辑与目标，明确新战略下各业务单元和职能部门的优先级，从而科学合理地调整评价指标权重。例如，若企业战略转向以客户为中心，那么与客户满意度、服务质量相关的评价指标权重将显著增加，以引导企业资源向客户服务领域倾斜。

此外，业务重心的转移也是影响权重调整的重要因素。随着市场竞争

第七章　企业可持续发展绩效评价体系的持续优化

的加剧和消费者需求的多样化，企业往往需要不断调整业务结构，以寻求新的增长点。这种业务重心的转移可能涉及产品线的拓展、服务模式的创新或市场区域的拓展等方面。在这个过程中，企业需要密切关注业务重心转移对绩效评价指标的影响，及时评估各业务板块的贡献度与潜力，并据此调整相应指标的权重。通过权重的动态调整，企业可以确保绩效评价体系始终与业务重心保持一致，为企业的战略转型提供有力支持。

员工需求的变化同样不容忽视。员工是企业最宝贵的资源，他们的满意度与忠诚度直接影响着企业的绩效表现。随着时代的进步和员工结构的多元化，员工对于工作环境、职业发展、薪酬福利等方面的需求也在不断变化。为了保持员工队伍的稳定性与创造力，企业需要密切关注员工需求的变化趋势，并将其纳入绩效评价指标权重的调整范围。例如，当员工普遍关注个人成长与职业发展时，企业可以增加与培训机会、职业发展路径相关的评价指标权重；当员工对薪酬福利提出更高要求时，则可以适当调整与薪酬激励相关的评价指标权重。通过这种方式，企业可以激发员工的内在动力与潜能，促进企业与员工的共同成长与发展。

为了确保权重的动态调整能够顺利进行，企业还需建立有效的信息收集机制。这个机制应该能够全面、准确地收集来自市场、战略、业务及员工等各方面的信息数据。通过运用现代信息技术手段如大数据分析、云计算等先进工具进行信息处理与分析，企业可以更加高效地挖掘出隐藏在数据背后的规律与趋势，为权重的调整提供科学依据与可靠支撑。同时，企业还应注重信息的时效性与准确性，确保所收集到的信息能够真实反映企业当前的运营状况与外部环境的变化情况，从而为权重的动态调整提供有力保障。

（三）科学方法的运用

在绩效评价体系的优化过程中，指标权重的调整是一项至关重要的任务，它直接关系到评价结果的准确性和公正性。为了实现这一目标，科学方法的运用成为了不可或缺的一环。这些方法不仅能够帮助我们深入剖析评价指标的内在价值，还能通过量化分析为权重分配提供坚实的理论基础，从而构建出一个更加科学合理、公正透明的绩效评价体系。

AHP 是一种系统性的决策分析方法，它将复杂的决策因素分解成若干层次，通过两两比较的方式确定各因素之间的相对重要性。在绩效评价中，我们可以将企业的战略目标视为最高层次，然后逐步分解到部门目标、岗位目标以及具体的评价指标上。通过构建这样的层次结构，我们可以清晰地看到各项指标在整体评价体系中的位置和作用。接着，利用 AHP 的算法，我们可以计算出各项指标之间的相对权重，为后续的权重分配提供科学依据。这种方法不仅操作简便，而且能够充分考虑各指标之间的相互影响和制约关系，使得权重分配更加合理。

熵权法则是另一种在权重调整中常用的科学方法。在熵权法中，我们将评价指标的变异性视为一种信息量，变异性越大的指标所包含的信息量就越大，其权重也应该相应增加。通过计算各项指标的信息熵，我们可以得到它们的变异程度，并据此确定各自的权重。这种方法能够客观反映数据本身的特性，避免了主观因素对权重分配的影响，使得评价结果更加公正客观。

模糊综合评价法则是在处理模糊性、不确定性问题时的一种有效方法。在绩效评价中，有些指标可能难以用精确的数字来衡量，比如员工的工作态度、团队合作能力等。此时，我们可以利用模糊综合评价法，通过构建模糊关系矩阵和模糊合成运算，将这些模糊信息转化为可量化的评价结果。在权重调整方面，模糊综合评价法可以通过对各项指标进行模糊重要性排序，再结合专家意见和问卷调查结果，综合确定各项指标的权重。这种方法能够充分考虑评价过程中的模糊性和不确定性因素，使得权重分配更加贴近实际情况。除了上述三种方法外，我们还可以结合专家咨询、问卷调查等方式来收集多方意见。专家咨询可以为我们提供专业的建议和指导，帮助我们更好地理解和把握评价指标的重要性和相互关系；问卷调查则可以广泛收集员工和管理人员的意见和建议，使得权重调整更加符合企业的实际情况和需求。通过将科学方法与多方意见相结合，我们可以确保权重调整的客观性和公正性，提高评价体系的准确性和有效性。

科学方法的运用在绩效评价体系优化中发挥着至关重要的作用。它不仅能够帮助我们深入剖析评价指标的内在价值，还能通过量化分析为权重分配提供科学依据。同时，结合专家咨询、问卷调查等方式收集多方意见，可以进一步确保权重调整的客观性和公正性。通过这些努力，我们可以构建出一个更加科学合理、公正透明的绩效评价体系，为企业的发展提供有力支持。

（四）定期复审与灵活调整

在追求卓越的企业管理实践中，确保绩效评价体系中指标权重的合理性与有效性，是推动企业持续发展的关键一环。为此，构建并实施一套定期复审与灵活调整的机制，显得尤为重要。这一机制不仅是对现有评价体系的一种动态维护，更是对未来发展战略的一种前瞻性布局。

定期复审机制是保障评价体系时效性的基石。随着市场环境的风云变幻和企业内部管理的不断深化，原有的权重分配可能逐渐显现出与时代脱节或与企业发展不符的迹象。定期复审，就是要在这样的背景下，对评价指标的权重进行全面而细致的审视。这不仅仅是一个简单的数字游戏，而是需要深入剖析每个指标背后的逻辑、考量其在当前发展阶段的重要性以及未来可能的趋势变化。通过这样的复审过程，我们可以及时发现并纠正权重分配中的不合理之处，确保评价体系始终能够准确反映企业的真实状况和发展需求。然而，定期复审并非一成不变，它还需要与灵活调整相结合，以应对那些突如其来的挑战和机遇。在快速变化的市场环境中，突发事件和紧急情况时有发生，这些事件往往会对企业的战略方向、资源配置以及绩效评价产生深远影响。因此，在复审过程中，我们必须保持高度的敏感性和灵活性，根据组织发展的实际情况和外部环境的变化，及时对评价指标的权重进行调整。这种调整可能是对某个关键指标的权重进行临时性提升，以应对当前的紧迫需求；也可能是对一系列相关指标的权重进行重新分配，以更好地体现企业的长期发展目标。

灵活调整还意味着我们需要保持一种开放和包容的心态，不断吸收新的理念和方法，对评价体系进行持续优化和升级。这包括但不限于引入新的评价指标、调整评价周期、优化评价方法等。通过这些措施，我们可以使评价体系更加符合时代的要求和企业的实际情况，为企业的发展提供更加有力的支持。

更重要的是，定期复审与灵活调整相结合，可以确保评价体系始终与组织发展目标保持一致。企业的发展是一个动态的过程，不同阶段有不同的目标和重点。通过定期复审和灵活调整，我们可以确保评价体系能够紧跟企业发展的步伐，及时反映企业的战略导向和价值取向。这样一来，绩效评价就不再是一个孤立的过程，而是与企业整体发展紧密相连、相互促进的有机整体。

定期复审与灵活调整是确保绩效评价体系中指标权重合理性和有效性的重要手段。通过这一机制的实施，我们可以及时发现并纠正权重分配中的不合理之处，应对突发事件和紧急情况，确保评价体系始终与组织发展目标保持一致。同时，这一机制还有助于提升评价体系的时效性和适应性，为企业的发展提供有力保障。在未来的发展中，我们应该继续深化和完善这一机制，推动企业管理水平的不断提升。

（五）员工参与与反馈机制

在探讨企业可持续发展绩效评价体系中权重调整的重要性时，不能忽视的一个关键环节是员工的参与与反馈机制。这一机制不仅是确保评价体系公正性、科学性的基石，更是激发员工潜能、促进组织和谐发展的关键驱动力。

第七章 企业可持续发展绩效评价体系的持续优化

员工参与权重调整的讨论与决策过程,是民主管理与尊重员工主体地位的重要体现。员工身处企业运营的第一线,他们最直接地感受着各项评价指标的实际运作效果,也最清楚哪些指标真正能够反映工作绩效的实质。因此,当企业着手进行权重调整时,主动邀请员工参与进来,不仅能够帮助企业更全面地了解实际情况,还能让员工感受到自己的声音被重视,从而增强他们的归属感和责任感。通过员工与管理者之间的深入交流与探讨,可以形成更加符合企业实际、更具操作性的权重分配方案,为评价体系的科学性与公正性奠定坚实基础。建立有效的员工反馈机制是持续优化评价体系不可或缺的一环。员工在实际工作中可能会遇到各种预料之外的问题和挑战,这些问题和挑战往往能够直接反映出评价体系中存在的不足和需要改进的地方。因此,企业应建立起一套高效、便捷的员工反馈渠道,鼓励员工随时随地将自己的意见和建议反馈给相关部门或负责人。这些反馈意见是企业了解员工需求、优化评价体系的重要信息来源。企业应认真对待每一条反馈意见,及时进行分析和处理,并将处理结果反馈给员工,让员工感受到自己的反馈得到了重视和回应。通过这样的反馈机制,企业可以不断收集到来自一线的宝贵信息,为评价体系的持续优化和完善提供有力支持。

此外,员工参与与反馈机制还有助于提高员工对评价体系的认同感和满意度。当员工参与到权重调整的讨论与决策过程中时,他们会更加深入地了解评价体系的运作原理和目的,从而更加认同和支持这一体系。同时,当员工的反馈意见得到重视和采纳时,他们会感受到自己的价值和贡献得到了认可,从而增强对评价体系的满意度和信任感。这种认同感和满意度的提升将促使员工更加积极地投入到工作中去,为企业的发展贡献更多的力量。

员工参与与反馈机制在企业可持续发展绩效评价体系中的权重调整过程中具有举足轻重的地位。它不仅有助于确保评价体系的公正性、科学性和可操作性,还能激发员工的潜能和创造力,促进组织的和谐发展。因此,企业应高度重视这一机制的建立和完善工作，通过不断探索和实践来推动评价体系的持续优化和完善。

四、指标量化的科学性提升

（一）明确量化标准与依据

提升指标量化的科学性，首要任务是确立清晰、可操作的量化标准与依据。这要求我们在设计指标时，深入剖析每项指标所反映的业务实质，明确其衡量维度和具体标准。例如，对于销售类指标，应明确销售额、市场份额、增长率等关键参数的计算方法和数据来源；对于效率类指标，则需界定时间、成本、质量等关键因素的具体衡量方式。同时，这些标准与依据需基于行业最佳实践、历史数据分析及未来趋势预测，确保既符合实际又具前瞻性。通过明确量化标准与依据，我们能够为指标数据的采集、处理和分析提供坚实的理论基础，提高数据的可靠性和有效性。

（二）优化数据采集与处理流程

数据是量化分析的基础，其准确性和时效性直接影响到指标量化的科学性。因此，必须优化数据采集与处理流程，确保数据的完整性和准确性。这包括采用先进的数据采集技术，如自动化采集工具、物联网传感器等，减少人为干预和误差；建立严格的数据校验机制，对采集到的数据进行多维度、多层次的校验，确保数据的真实性和一致性；以及运用先进的数据处理技术，如数据清洗、去重、转换等，提高数据的可用性和分析效率。通过优化数据采集与处理流程，我们能够获得更加准确、及时的数据支持，为指标量化提供有力保障。

（三）强化数据分析与挖掘能力

数据分析与挖掘是提升指标量化科学性的关键环节。通过运用统计学、数据挖掘、机器学习等先进技术，我们可以深入挖掘数据背后的规律和趋势，发现隐藏在数据中的有价值信息。这要求我们具备强大的数据分析能力，能够熟练运用各种分析工具和方法，对海量数据进行深度剖析和挖掘。同时，还需要培养敏锐的数据洞察力，能够从复杂的数据中提炼出关键信息和结论，为决策提供有力支持。通过强化数据分析与挖掘能力，我们能够更加精准地把握业务动态和市场变化，提高指标量化的科学性和准确性。

（四）建立持续学习与改进机制

指标量化的科学性提升是一个持续不断的过程。随着市场环境、技术条件和业务需求的不断变化，我们需要不断调整和优化量化指标和方法。因此，建立持续学习与改进机制至关重要。这包括关注行业动态和前沿技术发展趋势，及时引进和应用新的量化方法和工具；定期组织内部培训和交流活动，提升员工的数据素养和量化分析能力；以及建立反馈和评估机制，对量化指标的实施效果进行定期评估和反馈，及时发现并解决问题。通过持续学习与改进机制，我们能够不断提升指标量化的科学性水平，为组织的决策和发展提供更加有力的支持。

五、指标体系的综合性与均衡性

（一）综合性与均衡性的核心理念

在构建和优化绩效评价指标体系时，综合性和均衡性是两个至关重要的原则。综合性强调指标体系应全面覆盖企业运营和发展的各个方面，包括经济绩效、环境表现和社会责任等多个维度，以实现对企业整体绩效的全方位评估。而均衡性则要求各维度指标之间保持合理的权重分配和相互关联，避免片面追求某一方面的绩效而忽视其他重要方面，确保企业能够实现全面、协调、可持续的发展。

（二）经济维度的深度考量

经济绩效是企业生存和发展的基础，也是绩效评价指标体系中的核心维度。在追求经济效益的同时，企业应注重提升经营效率、优化成本结构、增强市场竞争力，确保经济绩效的持续增长。同时，企业还应关注经济活动的质量和可持续性，避免短期行为对长期利益的损害。在指标设置上，应涵盖营业收入、净利润、市场份额、客户满意度等关键指标，以全面反映企业的经济绩效水平。

（三）环境维度的强化融入

随着环保意识的不断提高，环境绩效已成为企业可持续发展的重要组成部分。在绩效评价指标体系中，环境维度应占据重要地位，以引导企业加强环境保护和资源节约。企业应关注自身生产运营活动对环境的影响，设定明确的环保目标和减排指标，并采取措施降低污染排放、提高资源利用效率。在指标设置上，应包括碳排放量、能源消耗、废物回收利用率等关键指标，以量化评估企业的环境绩效表现。

（四）社会维度的广泛覆盖

社会绩效是企业履行社会责任、促进社会和谐发展的重要体现。在绩效评价指标体系中，社会维度应广泛覆盖企业在劳动关系、消费者权益保护、社区参与等方面的表现。企业应关注员工权益保障、职业健康与安全、产品质量安全等问题，确保员工和消费者的合法权益得到保护。同时，企业还应积极参与社区建设和社会公益活动，为构建和谐社会贡献力量。在指标设置上，应包括员工满意度、消费者投诉率、社会贡献度等关键指标，以全面反映企业的社会绩效水平。

（五）持续优化与动态调整

为确保绩效评价指标体系的综合性和均衡性，企业应建立持续优化和动态调整机制。随着企业内外部环境的变化和战略目标的调整，绩效评价指标体系也需要相应地进行修订和完善。企业应定期审视现有指标体系的适用性和有效性，及时发现并解决存在的问题和不足。同时，企业还应关注新兴议题和领域的发展动态，适时将相关指标纳入评价体系中，以保持评价体系的时效性和前瞻性。通过持续优化和动态调整，企业可以确保绩效评价指标体系始终与企业发展目标和社会期望保持一致，为企业的可持续发展提供有力支撑。

第三节 绩效评价方法的创新与发展

一、多元评价方法的融合

（一）融合多元评价方法的意义

在日益复杂多变的评价环境中，单一的评价方法往往难以全面、准确地反映评价对象的真实状况。因此，探索多元评价方法的融合应用成为提升评价质量的重要途径。通过将定量分析与定性分析相结合，不仅可以弥补单一方法在信息获取、处理及解释上的局限性，还能相互验证，增强评价结果的可靠性和有效性。这种融合不仅有助于提升评价的全面性，还能促进评价过程更加科学、公正，为决策提供更为坚实的数据和理论支撑。

（二）定量分析与定性分析的优势互补

定量分析以数据为基础，通过数学模型和统计方法，对评价对象的数量特征进行精确描述和度量。它具备客观性强、结果明确、易于比较等优势，能够有效揭示评价对象之间的数量关系和变化趋势。然而，定量分析在处理非量化信息、评估主观感受及判断价值判断等方面存在局限。此时，定性分析则能发挥其独特作用。定性分析侧重于对评价对象进行深入剖析和理解，通过文字描述、案例分析、专家访谈等方式，捕捉和提炼评价对象的本质特征和深层含义。它弥补了定量分析的不足，为评价提供了丰富的背景信息和主观见解。

(三)融合策略与实践路径

要实现多元评价方法的有效融合,首先需要明确评价目标和需求,根据评价对象的特性和评价环境的特点,选择合适的定量与定性分析方法。在此基础上,设计合理的融合策略,确保不同方法之间的无缝衔接和互补增强。实践路径上,可以通过构建综合评价指标体系,将定量指标与定性指标有机结合;采用混合研究方法,先通过定量分析对数据进行初步处理和分析,再通过定性分析对结果进行解释和深化;加强跨学科合作与交流,借鉴不同学科领域的评价方法和理论成果,为融合提供更为广阔的视野和思路。

(四)面临的挑战与应对

在融合多元评价方法的过程中,不可避免地会遇到一些挑战。如不同方法之间的数据格式、分析逻辑及评价标准可能存在差异,需要进行统一的标准化处理;评价过程中可能会涉及多个利益相关者的不同需求和期望,需要进行有效的沟通和协调;以及融合过程可能面临技术难度、资源限制及时间压力等挑战。针对这些挑战,可以采取以下应对措施:加强评价方法的学习和培训,提升评价人员的专业素养和技能水平;建立健全的评价机制和流程,确保评价过程的规范性和可操作性;强化跨部门、跨领域的合作与交流,共同解决融合过程中遇到的问题和困难;以及充分利用现代信息技术手段,提高评价效率和质量。

探索多元评价方法的融合应用是提升评价全面性和准确性的重要途径。通过融合定量分析与定性分析的优势,构建科学、公正、全面的评价体系,为组织决策提供有力支持。

二、大数据与人工智能技术的应用

(一)大数据驱动的决策支持

在评价体系的优化过程中,大数据技术的应用为决策提供了前所未有的广度和深度。通过收集并整合来自多个渠道、多维度的数据资源，大数据平台能够构建起一个全面、动态的信息网络。这些数据不仅限于传统的财务报表、业务统计，更包括社交媒体情绪分析、客户行为追踪、市场趋势预测等多方面信息。基于这些数据，企业可以运用高级分析技术，如数据挖掘、关联规则挖掘等，揭示数据背后的深层规律和潜在关联，从而为评价过程提供精准的数据支持。大数据驱动的决策支持，使得评价更加客观、全面，有效避免了主观偏见和信息孤岛的问题，提升了评价的精准度和可靠性。

（二）人工智能辅助的智能评价

人工智能技术的引入，进一步推动了评价过程的智能化和自动化。通过训练机器学习模型，企业可以构建出能够自动识别、分析和评估的智能评价系统。这些系统能够处理海量数据，并基于预设的规则和算法，快速生成评价报告和预测结果。在智能评价过程中，人工智能不仅能够替代人工完成烦琐的数据处理和分析工作，还能够通过不断学习和优化，提高自身的评价精度和效率。此外，人工智能还具备自我适应和迭代升级的能力，能够根据新的数据和情况，自动调整评价模型和参数，确保评价结果的持续有效性和前瞻性。

（三）自动化流程优化与监控

大数据和人工智能技术的结合，还为企业带来了自动化流程优化与监控的新机遇。在评价过程中，许多环节都可以实现自动化处理，如数据采集、预处理、分析建模等。通过自动化流程，企业可以显著降低人工成本和错误率，提高评价工作的效率和准确性。同时，人工智能技术还可以对评价过程进行实时监控和预警，一旦发现异常情况或潜在风险，立即触发相应的应对机制，确保评价工作的顺利进行。这种自动化流程优化与监控的能力，使得企业能够更加灵活地应对市场变化和业务需求，保持竞争优势。

（四）人才培养与技术创新并进

为了充分利用大数据和人工智能技术的优势，企业还需要注重人才培养和技术创新。在人才培养方面，企业应加大对数据科学家、机器学习工程师等专业人才的培养和引进力度，构建一支高素质、专业化的技术团队。同时，加强内部培训和知识分享，提升全体员工的数据素养和技术应用能力。在技术创新方面，企业应积极投入研发资源，探索新技术、新方法在评价领域的应用，推动评价技术的不断创新和升级。通过人才培养和技术创新的并进发展，企业可以不断提升自身在大数据和人工智能领域的核心竞争力，为评价过程的优化和升级提供强有力的支撑。

三、绩效评价模型的创新

（一）多维度评价体系构建

在绩效评价模型的创新中，首要任务是构建多维度评价体系，以全面反映企业的综合绩效。传统单一财务指标的评价方式已难以满足现代企业管理的需求，因此，需将财务、客户、内部流程、学习与成长等多个维度纳入评价体系。财务维度关注企业的盈利能力、资产运营效率及偿债能力；客户维度衡量客户满意度、市场份额及品牌忠诚度；内部流程维度则聚焦于运营效率、创新能力和质量控制；学习与成长维度则强调员工能力发展、组织文化及信息系统建设。这种多维度评价不仅能帮助企业识别各领域的优势与不足，还能促进资源优化配置，推动企业整体绩效的持续提升。

（二）动态调整与自适应机制

面对快速变化的市场环境和内部条件，绩效评价模型应具备动态调整与自适应机制。这意味着模型应能够根据企业战略目标的调整、市场环境的变化以及企业内部管理的需要，灵活调整评价指标、权重及评价标准。通过引入大数据、人工智能等先进技术，实现绩效评价的智能化与自动化，及时捕捉企业运营中的关键信息，为决策提供实时、准确的绩效数据支持。同时，建立反馈机制，确保绩效评价结果能够得到有效应用，促进管理改进和战略调整，形成良性循环。

（三）平衡计分卡与关键绩效指标的深度融合

平衡计分卡（BSC）与关键绩效指标（KPIs）作为两种重要的绩效评价工具，各有其优势。创新绩效评价模型时，可将二者深度融合，形成更加科学、全面的评价体系。平衡计分卡提供了战略落地的框架，确保企业各层级目标与企业愿景紧密相连；而KPIs则通过量化指标，明确衡量企业关键成功因素。通过将BSC的战略导向与KPIs的具体量化相结合，既能确保绩效评价的战略性，又能提高评价的可操作性和针对性。此外，还可以根据企业实际情况，灵活设计KPIs，使其更加贴近业务实际，提高绩效评价的精准度。

（四）强化非财务指标的重要性

在创新绩效评价模型的过程中，应特别强化非财务指标的重要性。非财务指标如客户满意度、员工满意度、创新能力、社会责任等，虽然难以直接量化，但对于企业的长期发展具有至关重要的影响。这些指标能够反映企业的软实力和可持续发展能力，是评价企业综合绩效不可或缺的部分。因此，在构建绩效评价模型时，应充分考虑非财务指标的设置与衡量，通过问卷调查、访谈、专家评分等多种方式收集数据，确保评价的全面性和客观性。同时，加强对非财务指标的分析与解读，为企业制订更加科学合理的战略决策提供有力支持。

绩效评价模型的创新是企业适应可持续发展新要求、提升管理效能的重要途径。通过构建多维度评价体系、建立动态调整与自适应机制、深化平衡计分卡与关键绩效指标的融合以及强化非财务指标的重要性等措施，可以推动绩效评价模型的不断完善与优化，为企业实现战略目标、提升竞争力提供有力保障。

四、绩效评价周期的灵活性

（一）绩效评价周期灵活性的重要性

在企业管理中，绩效评价周期的设定对于评价体系的实施效果具有至关重要的影响。传统的固定评价周期往往难以适应企业快速变化的需求，导致评价结果的滞后性和不准确性。因此，根据企业特点和实际需求，灵活设定绩效评价周期，成为提升评价及时性和有效性的关键。这种灵活性不仅能够确保评价活动与企业战略目标的紧密对接，还能及时发现并解决工作中存在的问题，促进组织的持续改进和发展。

（二）企业特点与周期设定的关联

企业在不同的发展阶段、行业属性、业务模式等方面存在显著差异，这些特点直接决定了绩效评价周期的选择。例如，初创企业可能更侧重于短期内的快速迭代和反馈，因此需要设置较短的绩效评价周期；而成熟稳定的企业则可能更注重长期战略目标的实现，绩效评价周期相应会拉长。此外，不同行业的特点也决定了评价周期的差异性，如互联网行业因其快速变化的特点，可能需要更频繁的评价；而制造业等传统行业则可能更注重季度或年度的综合评价。

（三）实际需求驱动的周期调整

除了企业特点外，实际需求也是驱动绩效评价周期调整的重要因素。这些需求可能来源于市场环境的变化、业务重点的转移、员工激励的需求等。例如，当市场环境发生剧烈变化时，企业需要快速调整战略方向，此时就需要缩短评价周期，以便及时跟踪和评估战略执行效果。又如，为了激励员工积极投入工作，企业可以根据项目周期或关键任务节点设定临时性评价周期，以快速反馈员工表现并给予相应奖励。

（四）灵活设定周期的实施策略

为了有效实施灵活设定绩效评价周期的策略，企业需要采取一系列措施。首先，应建立科学的评价体系，明确评价目标、指标和权重，为周期设定提供有力支撑。其次，加强与员工的沟通和交流，了解他们的需求和期望，确保周期设定符合大多数员工的利益。同时，注重评价结果的反馈和应用，将评价结果与员工激励、职业发展等紧密挂钩，提高员工参与评价的积极性。此外，企业还应根据评价结果和实际情况，适时调整评价周期，确保其始终与企业发展需求保持同步。

（五）面临的挑战与应对策略

在实施灵活设定绩效评价周期的过程中，企业可能会面临一些挑战。如如何平衡短期评价与长期目标之间的关系、如何确保评价结果的公正性和准确性等。针对这些挑战，企业可以采取以下应对策略：一是明确评价目的和重点，确保评价活动与企业战略目标紧密相连；二是加强评价过程的管理和监督，确保评价工作的规范性和透明度；三是注重评价结果的分析和应用，将评价结果转化为具体的改进措施和发展方向；四是加强员工的培训和引导，提高他们对评价工作的认识和理解，促进全员参与和支持评价体系的实施。

五、评价结果的深度挖掘与应用

（一）多维度解析评价结果

评价结果的深度挖掘，首先要求我们从多个维度对评价数据进行全面而细致的解析。这不仅仅是对单一指标或综合得分的简单解读，而是深入剖析每个指标背后的原因、趋势及其相互之间的关联。通过构建多维度的分析框架，如时间维度（历史对比、未来预测）、空间维度（地区差异、市场细分）、业务维度（产品线、服务流程）等，我们可以更全面地理解评价结果的内涵,发现隐藏其中的关键信息和价值点。这种多维度解析有助于企业把握全局,洞察细节,为决策提供更为丰富和深入的依据。

(二)挖掘潜在问题与机会

在深度挖掘评价结果的过程中,我们需要特别关注那些偏离预期或表现出异常趋势的指标。这些指标往往蕴含着潜在的问题或机会。通过对这些指标的深入分析,我们可以识别出企业在运营过程中可能存在的风险点、瓶颈环节或增长点。例如,某个市场区域的销售额持续下降可能反映了该区域的市场竞争态势变化或消费者需求转移;而某个新产品的客户满意度显著提升则可能预示着该产品具有巨大的市场潜力。通过及时发现并解决潜在问题,或抓住市场机会,企业可以不断优化自身业务结构,提升竞争力和盈利能力。

(三)制订针对性策略与措施

基于深度挖掘的评价结果,企业可以制订出更具针对性和实效性的策略与措施。这些策略与措施应紧密围绕企业战略目标,针对评价过程中发现的问题和机会进行定制化设计。例如,针对客户满意度下降的问题,企业可以采取提升产品质量、优化服务流程、加强客户关系管理等措施;而针对市场机会的增长点,企业则可以加大研发投入、拓展销售渠道、加强品牌推广等举措。通过实施这些针对性策略与措施,企业可以更有效地推动业务发展,实现战略目标。

(四)促进组织学习与持续改进

评价结果的深度挖掘和应用还应成为组织学习与持续改进的重要驱动力。通过将评价结果反馈到企业内部各个层级和部门,促进信息共享和沟通交流,企业可以形成一种积极向上的学习氛围。这种氛围鼓励员工不断反思自身工作表现,学习先进经验和做法,提出创新思路和解决方案。同时,企业还应建立定期回顾和评估机制,对评价过程及其结果进行持续改进和优化。通过不断学习和改进,企业可以不断提升自身评价体系的科学

第七章　企业可持续发展绩效评价体系的持续优化

性和有效性，为企业决策提供更加有力的支持。

第四节　绩效评价体系的信息化与智能化

一、信息系统建设

（一）数据集成与自动化采集

在构建完善的绩效评价信息系统中，首要任务是实现数据的集成与自动化采集。这意味着需要将企业内部分散在各个业务系统中的数据，如财务系统、销售系统、生产系统、人力资源系统等，通过数据接口或数据仓库技术进行有效集成，打破信息孤岛，形成统一的数据源。同时，利用现代信息技术，如物联网、RFID、API接口等，实现数据的自动化采集，减少人工录入环节，提高数据的准确性和时效性。数据集成与自动化采集为绩效评价提供了全面、及时、准确的数据支持，为后续的数据处理和分析奠定了坚实基础。

（二）智能数据处理与分析

在数据采集完成后，绩效评价信息系统需具备强大的数据处理与分析能力。通过引入数据挖掘、机器学习等先进技术，对海量数据进行深度处理，识别数据间的关联性和规律性，提取出对绩效评价有价值的信息。同时，系统应支持灵活的数据分析模型，如趋势分析、对比分析、关联分析等，帮助企业从不同角度、不同层次对绩效进行深入剖析。智能数据处理与分析不仅能够提高绩效评价的准确性和效率，还能发现潜在的问题和机会，为企业决策提供有力支持。

（三）可视化报告与决策支持

绩效评价信息系统的另一个重要功能是生成可视化报告，为管理者提供直观、易懂的绩效信息。通过图表、仪表盘等可视化工具，将复杂的绩效数据转化为直观的图形展示，帮助管理者快速把握企业整体绩效状况及各业务单元的绩效表现。此外，系统还应具备决策支持功能，根据绩效评价结果，提供具有针对性的建议和改进措施，辅助管理者制订更加科学合理的决策。可视化报告与决策支持使得绩效评价结果更加易于理解和应用，促进了绩效评价与企业管理的深度融合。

（四）系统安全性与可扩展性

在构建绩效评价信息系统时，必须高度重视系统的安全性和可扩展性。系统安全性是保障数据不被非法访问、篡改或泄露的关键。因此，需采取严格的访问控制、数据加密、备份恢复等安全措施，确保系统稳定运行和数据安全。同时，随着企业业务的不断发展和变化，绩效评价信息系统还需具备良好的可扩展性，能够灵活应对新增业务、新增评价指标等需求，保持系统的先进性和适应性。系统安全性与可扩展性的保障为绩效评价信息系统的长期稳定运行提供了有力支持。

构建完善的绩效评价信息系统是企业实现绩效评价自动化、智能化、精准化的重要途径。通过数据集成与自动化采集、智能数据处理与分析、可视化报告与决策支持以及系统安全性与可扩展性的建设，可以为企业提供全面、准确、及时的绩效评价支持，助力企业优化资源配置、提升管理效能，实现可持续发展。

二、智能化评价工具的开发

（一）智能化评价工具的时代背景

随着信息技术的飞速发展，人工智能、大数据、云计算等前沿技术正深刻改变着各行各业的生产方式和管理模式。在绩效评价领域，传统的手工操作、人工分析已难以满足企业日益增长的效率和精准度需求。因此，开发智能化的评价工具成为提升评价工作智能化水平、推动评价体系创新的重要方向。这些工具不仅能够自动化处理大量数据，还能通过智能算法进行深度分析，为决策提供更为精准、全面的信息支持。

（二）智能分析软件的核心功能

智能分析软件是智能化评价工具的重要组成部分，其核心功能在于对评价数据进行自动化处理和智能分析。该软件能够自动收集、整理来自不同渠道的评价数据，如员工绩效记录、客户反馈、市场调研结果等，并通过预设的算法模型对数据进行深度挖掘和分析。通过分析，软件能够识别出关键绩效指标的变化趋势、潜在问题及其成因，为管理者提供直观的图表、报告等可视化展示形式，帮助管理者快速把握组织绩效状况，制订有效的改进措施。

（三）自动化报告生成系统的优势

自动化报告生成系统是另一项重要的智能化评价工具，其优势在于能够大幅减轻评价人员的工作负担，提高报告生成的效率和准确性。该系统能够根据预设的报告模板和数据源，自动提取、整合相关信息，生成符合要求的绩效评价报告。这些报告不仅包含了详细的绩效数据和分析结果，还能根据管理者的需求进行个性化定制，如添加图表、注释、建议等。通过自动化报告生成系统，企业能够实现评价结果的快速传递和共享，促进组织内部的沟通和协作。

（四）智能化评价工具的开发与应用挑战

尽管智能化评价工具具有诸多优势，但其开发与应用过程中仍面临不少挑战。首先，技术门槛较高，需要企业具备一定的技术研发实力和人才储备。其次，数据安全与隐私保护问题不容忽视，企业在应用智能化评价工具时需加强数据安全管理，确保评价数据的机密性和完整性。此外，智能化评价工具的推广与应用还需克服员工有抵触心理、培训成本较高等问题。

(五）应对策略与未来展望

为了有效应对上述挑战，企业在开发与应用智能化评价工具时可采取以下策略：一是加强技术研发与合作，引入先进的人工智能技术和算法模型，提升工具的智能化水平；二是建立健全的数据安全管理制度和隐私保护机制，确保评价数据的安全性和合规性；三是加强员工培训和引导，提高员工对智能化评价工具的认识和接受度；四是注重用户反馈和需求调研，不断优化工具的功能和用户体验。展望未来，随着技术的不断进步和应用场景的拓展，智能化评价工具将在绩效评价领域发挥越来越重要的作用，为企业实现高效、精准的绩效管理提供有力支持。

三、信息安全与隐私保护

（一）构建多层次安全防护体系

在绩效评价信息系统的安全建设中，首要任务是构建一个多层次、全方位的安全防护体系。这包括物理层、网络层、系统层、应用层及数据层等多个层面的安全保护措施。物理层需确保服务器、存储设备等硬件设施的物理安全，防止未经授权的访问和破坏；网络层则需部署防火墙、入侵检测系统等网络安全设备，防范网络攻击和非法入侵；系统层则需加强操作系统、数据库等系统软件的安全配置和补丁管理，确保系统稳定运行；应用层则需对绩效评价软件进行安全加固，防止软件漏洞被恶意利用；数据层则需采用加密技术、访问控制等手段，确保评价数据在存储和传输过程中的机密性、完整性和可用性。

（二）强化数据访问权限管理

确保数据安全性和隐私保护的关键在于严格的数据访问权限管理。企业应建立严格的权限审批和授权机制，明确不同用户角色的权限范围和操作规范，防止数据被非法访问或滥用。同时，通过技术手段实现数据访问的日志记录和审计追踪,对任何数据访问行为进行监控和记录,以便在发生安全事件时能够迅速定位问题源头,追究责任。此外,对于敏感数据的访问,还应采取额外的安全措施,如二次验证、数据脱敏等,进一步降低数据泄露的风险。

(三) 加强员工培训与意识提升

信息安全与隐私保护不仅依赖于技术手段,更离不开员工的参与和配合。因此,企业应加强对员工的信息安全培训和意识提升工作。通过定期组织信息安全知识讲座、演练等活动,提高员工对信息安全重要性的认识,增强他们的安全意识和防范能力。同时,鼓励员工积极参与信息安全管理工作,如及时报告发现的安全隐患、遵守信息安全规章制度等,形成全员参与的信息安全文化氛围。

(四) 遵循法律法规与行业标准

在加强绩效评价信息系统的安全建设和隐私保护过程中,企业还需遵守相关的法律法规和行业标准。企业应认真研究这些法律法规和标准的要求,确保评价信息系统的建设和运行符合法律法规和行业规范的要求。同时,企业还应密切关注相关法律法规和标准的动态变化,及时调整和完善自身的信息安全管理体系,确保评价信息系统的长期稳定运行和数据安全。

四、用户体验优化

(一) 界面设计的直观性与易用性

在优化信息系统界面时,首先要关注的是界面的直观性与易用性。这意味着界面布局应简洁明了,避免过多的复杂元素干扰用户视线;色彩搭配和谐统一,符合视觉审美习惯;图标、按钮等交互元素设计应直观易懂,用户无需过多思考即可准确操作。同时,界面应具备良好的响应性,无论用户通过何种设备访问,都能获得流畅、一致的使用体验。通过提升界面设计的直观性与易用性,可以显著降低用户的学习成本,提高用户满意度和使用效率。

(二)功能模块的定制化与灵活性

除了界面设计外,功能模块的定制化与灵活性也是提升用户体验的重要方面。不同用户群体在使用绩效评价信息系统时,往往有不同的需求和偏好。因此,系统应提供丰富的功能模块,并允许用户根据自身需求进行定制化设置。例如,用户可以根据自己的角色和职责,选择需要查看的绩效指标、报表类型等;也可以根据自己的工作习惯,调整界面的布局和显示方式。此外,系统还应具备灵活的扩展能力,以便在未来新增功能模块或调整现有功能时,能够迅速响应并满足用户需求。通过功能模块的定制化与灵活性,可以进一步增强系统的适用性和用户黏性。

(三)引导与帮助机制的完善

为了帮助用户更好地理解和使用绩效评价信息系统,需要建立完善的引导与帮助机制。这包括在系统内部设置清晰的引导路径和提示信息,引导用户逐步了解系统的各项功能和操作流程;同时,提供详细的帮助文档和视频教程等资源,供用户随时查阅和学习。此外,系统还应具备智能问答功能或在线客服支持,当用户遇到问题时能够迅速获得解答和帮助。完善的引导与帮助机制可以有效降低用户的使用门槛和挫败感,提高用户满意度和忠诚度。

(四)用户反馈与持续改进

用户体验优化是一个持续的过程,需要不断收集用户反馈并进行持续改进。系统应设置用户反馈渠道,如在线调查、意见箱等,鼓励用户积极提出使用过程中的问题和建议。同时,建立专业的用户研究团队或客服团队,对收集到的反馈进行深入分析和挖掘,找出影响用户体验的关键因素和潜在问题。基于用户反馈和数据分析结果,制订具有针对性的改进措施并付诸实施。通过用户反馈与持续改进的循环机制,可以不断优化信息系统界面和功能设计，提升用户体验和使用效率，推动企业绩效评价工作的顺利开展。

五、数据驱动的决策支持

（一）数据驱动决策的重要性

在当今数据驱动的时代，绩效评价数据已不仅仅是衡量员工或部门绩效的标尺，更是企业制订战略、优化运营、推动可持续发展的关键依据。通过深入挖掘和分析绩效评价数据，企业能够洞察市场趋势、识别内部优势与不足、预测潜在风险与机遇，从而为决策提供强有力的数据支持。这种数据驱动的决策方式，相较于传统的主观臆断或经验判断，更加客观、准确、高效，有助于企业在复杂多变的市场环境中保持竞争优势，实现可持续发展。

（二）绩效评价数据的全面整合

要实现数据驱动的决策支持，首先需要对绩效评价数据进行全面、系统的整合。这包括来自不同部门、不同岗位、不同时间段的绩效数据，以及与之相关的市场数据、客户数据、运营数据等。通过构建统一的数据平台或数据仓库，企业可以实现数据的集中存储、统一管理和高效利用。同时，借助先进的数据处理技术，如数据清洗、转换、加载等，企业可以确保数据的准确性、完整性和一致性，为后续的数据分析奠定坚实基础。

（三）深度数据分析与洞察

在数据整合的基础上，企业需要运用数据分析工具和方法，对绩效评价数据进行深度挖掘和分析。这包括但不限于统计分析、趋势预测、关联分析、聚类分析等。通过这些分析手段，企业可以发现数据背后的规律和模式，识别出关键绩效指标的变化趋势和影响因素，进而洞察出企业发展的内在动力和外在挑战。这些洞察不仅有助于企业优化现有业务流程和资源配置，还能为企业制订新的发展战略提供有力依据。

（四）数据驱动的决策流程优化

数据驱动的决策不仅仅是数据分析的结果应用，更是企业决策流程的全面优化。企业需要建立基于数据的决策机制和文化，鼓励各级管理者和员工主动利用数据进行决策和行动。这包括将数据分析结果纳入决策议程、建立数据驱动的决策评估体系、加强数据驱动的决策培训与交流等。通过不断优化决策流程，企业可以确保决策的科学性、合理性和及时性，从而提高决策效率和质量。

（五）推动可持续发展战略的实施

绩效评价数据驱动的决策支持将直接推动企业可持续发展战略的实施。企业可以根据绩效评价数据揭示的问题和机遇，制订具有针对性的改进措施和发展计划。例如，针对员工绩效短板进行培训和激励；针对市场变化调整产品策略和服务模式；针对运营风险加强内部控制和风险管理等。这些措施的实施将有助于企业提升核心竞争力、增强市场适应性、实现经济效益与社会效益的双赢。同时，通过持续优化绩效评价体系和决策支持机制，企业可以形成良性循环，不断推动自身向更高水平、更高质量的发展迈进。

第五节 持续优化对企业可持续发展的意义

一、增强企业的适应性与竞争力

（一）灵活应对市场变化

在快速变化的市场环境中，企业必须具备高度的适应性和灵活性。持续优化绩效评价体系，意味着企业能够根据市场趋势、客户需求以及竞争对手的动态，及时调整评价标准和指标体系。这种灵活性使得企业能够迅速识别市场机遇，把握市场脉搏，从而制订出更加符合市场需求的战略和计划。通过绩效评价体系的引导，企业各部门和员工能够紧密围绕市场变化展开工作，提升产品和服务的质量与效率，进而在激烈的市场竞争中占据有利地位。

（二）促进内部协同与效率提升

绩效评价体系的持续优化，有助于加强企业内部各部门之间的协同合作，提升整体运营效率。一个科学合理的绩效评价体系，能够清晰地界定各部门、各岗位的职责和目标，明确工作重点和优先级。通过绩效评价的激励作用，员工将更加积极地投入到工作中，努力达成个人和团队的目标。同时，绩效评价结果还可以作为企业内部资源分配的依据，确保资源向高效益、高潜力的领域倾斜，进一步推动企业的快速发展。此外，绩效评价体系的持续优化还能够促进企业内部信息的流通和共享，打破部门壁垒，形成合力，共同推动企业的战略目标实现。

（三）激发员工潜能与创新能力

员工是企业最宝贵的资源，他们的潜能和创新能力是企业持续发展的动力源泉。持续优化绩效评价体系，有助于激发员工的积极性和创造力。一个公正、透明、具有挑战性的绩效评价体系，能够让员工看到自己的工作成果和价值所在，从而增强他们的归属感和责任感。同时，绩效评价还可以作为员工职业发展的指南，帮助他们明确自己的职业路径和发展方向。通过绩效评价的激励和引导作用，员工将更加主动地学习新知识、掌握新技能、探索新方法，不断提升自己的综合素质和创新能力。这种积极向上的氛围将推动企业不断向前发展，形成良性循环。

（四）强化战略导向与执行力

绩效评价体系的持续优化，有助于强化企业的战略导向和执行力。一个与企业战略目标紧密相连的绩效评价体系，能够确保企业的各项工作都围绕战略目标展开。通过绩效评价的监督和反馈机制，企业可以及时发现战略执行过程中存在的问题和偏差,并采取相应的措施进行调整和纠正。这种战略导向的绩效评价体系,有助于确保企业的各项决策和行动都符合战略要求,从而提升企业的整体执行力和竞争力。同时,绩效评价体系的持续优化还能够促进企业内部文化的建设和发展,形成一种以绩效为导向、以结果论英雄的企业文化氛围,进一步推动企业的持续健康发展。

二、促进企业的全面可持续发展

(一)经济绩效的深度剖析

完善的绩效评价体系首先聚焦于经济绩效的深度剖析,通过精确衡量企业的财务状况、运营效率和市场竞争力,为企业发展提供坚实的经济基础。这包括但不限于盈利能力、成本控制、资产管理效率、市场份额增长等关键指标。经济绩效的评价不仅关注短期利润最大化,更强调长期价值创造和可持续发展能力的培育。通过深入分析经济绩效数据,企业能够识别出核心业务领域的优势与不足,优化资源配置,提升运营效率,从而在激烈的市场竞争中保持领先地位。

(二)环境绩效的积极融入

随着全球对环境保护意识的增强,企业的环境绩效已成为衡量其可持续发展的重要维度。完善的绩效评价体系积极融入环境绩效指标,如资源利用效率、污染排放控制、生态环境保护等,全面评估企业在生产经营过程中对环境的影响。通过环境绩效的评价,企业能够明确自身在绿色发展道路上的定位,制订并实施环保策略,推动绿色低碳技术的研发与应用。这不仅有助于企业减少环境风险,提升品牌形象,还能为企业的长期发展奠定良好的生态基础。

(三)社会绩效的广泛考量

社会绩效是衡量企业社会责任感和社会形象的重要指标。完善的绩效

第七章　企业可持续发展绩效评价体系的持续优化

评价体系广泛考量企业的社会绩效，包括员工福利、供应链管理、社区参与、消费者权益保护等多个方面。通过评估企业在这些领域的表现，企业能够了解自身在社会中的影响力和贡献度，进而调整战略方向，加强社会责任管理。积极履行社会责任不仅有助于提升企业的社会声誉和品牌形象，还能增强员工的归属感和忠诚度，促进企业与社会的和谐共生。

（四）综合绩效的协同提升

完善的绩效评价体系强调经济、环境和社会绩效的协同提升，实现企业的全面可持续发展。通过构建多维度、多层次的绩效评价指标体系，企业能够全面把握自身的发展状况和未来趋势，制订科学合理的发展战略。同时，绩效评价体系中的各项指标相互关联、相互促进，形成一个有机的整体。企业在追求经济绩效的同时，也要注重环境绩效和社会绩效的提升，实现经济效益、社会效益和环境效益的有机统一。这种综合绩效的协同提升不仅有助于企业的长期稳定发展，还能为社会经济的可持续发展贡献积极力量。

三、提高决策的科学性与准确性

（一）绩效评价体系的基石作用

绩效评价体系作为企业管理体系的重要组成部分，其核心价值在于为决策提供科学、准确的依据。一个完善且持续优化的绩效评价体系，能够全面、客观地反映企业运营状况、员工工作表现及业务成果，为管理层提供清晰、量化的数据支持。这些数据不仅是衡量企业健康状况的晴雨表，更是指导企业未来发展方向的指南针。

（二）促进决策过程的量化分析

传统的决策过程往往依赖于经验判断或主观臆断，难以保证决策的科学性和准确性。而绩效评价体系的持续优化，则推动了决策过程的量化分析。通过将各项绩效指标与战略目标紧密关联，企业能够清晰地看到各项决策对企业整体绩效的影响，从而进行更加精准的预测和评估。这种基于数据的量化分析方法，有效降低了决策过程中的不确定性和风险，提高了决策的科学性和准确性。

（三）强化决策与执行的闭环管理

绩效评价体系的持续优化还促进了决策与执行的闭环管理。一方面，绩效评价结果能够及时反馈给决策者，帮助他们了解决策的实际效果，并根据需要进行调整和优化；另一方面，绩效评价结果也是员工工作表现的重要参考，能够激励员工积极执行决策，推动战略目标的实现。这种闭环管理机制确保了决策与执行的紧密衔接，提高了企业的执行力和应变能力。

（四）支持战略调整与优化

随着市场环境和企业内部条件的变化，企业的战略目标也需要不断调整和优化。绩效评价体系的持续优化为此提供了有力支持。通过对绩效数据的持续跟踪和分析，企业能够及时发现战略执行过程中存在的问题和偏差，并据此进行战略调整和优化。这种基于数据的战略调整方式，不仅提高了战略调整的针对性和有效性，还确保了企业战略与市场环境和企业内部条件的动态匹配。

（五）构建学习型组织文化

绩效评价体系的持续优化还促进了学习型组织文化的构建。在持续优化过程中，企业需要不断学习和借鉴先进的绩效评价理念和方法，同时结合自身实际情况进行创新和改进。这种持续学习和创新的精神，不仅推动了绩效评价体系的不断完善，还激发了整个组织的创新活力。当绩效评价成为企业文化的一部分时，员工将更加关注自身绩效的提升和企业的长远发展，从而形成一种积极向上的学习氛围和团队精神。这种学习型组织文化将为企业的可持续发展提供源源不断的动力。

四、强化企业的社会责任感与公信力

（一）融入社会责任指标

在持续优化绩效评价体系的过程中，企业应将社会责任纳入评价体系的核心要素之一。这意味着在设定评价指标时，不仅要关注经济效益和市场表现，还要充分考虑企业在环境保护、社会公益、员工福利等方面的贡献。通过将社会责任指标纳入绩效评价体系，企业能够更全面地评估自身运营对社会和环境的影响，从而引导企业行为向更加可持续、负责任的方向发展。这种融入社会责任的绩效评价体系，有助于提升企业的社会责任感和使命感，增强企业在社会中的正面形象。

（二）促进可持续发展实践

持续优化绩效评价体系，能够激励企业采取更加积极的可持续发展实践。在评价过程中，企业不断审视自身在资源利用、节能减排、环境保护等方面的表现，并寻求改进和提升的途径。通过绩效评价的激励作用，企业将更加注重绿色生产、循环经济等可持续发展模式的应用，推动企业在经济、社会和环境三个维度上实现协调发展。这种可持续发展的实践不仅有助于提升企业的长期竞争力，还能够为企业赢得更多社会认可和尊重。

（三）增强公众信任与透明度

一个公开、透明的绩效评价体系，能够显著提升企业的公信力和社会形象。通过定期公布绩效评价结果，企业可以向公众展示其运营状况、社会责任履行情况以及未来发展规划等信息，增强公众对企业的了解和信任。同时，绩效评价体系的透明度还能够促进企业内部的自我监督和自我完善，减少不当行为和腐败现象的发生。这种公开透明的绩效评价机制，有助于构建企业与公众之间的良好沟通桥梁，增强企业的社会责任感。

（四）引领行业标准与示范效应

持续优化绩效评价体系的企业，往往能够在行业中发挥引领和示范作用。通过不断探索和实践，企业能够形成一套具有自身特色的绩效评价方法和标准，为行业内的其他企业提供有益的参考和借鉴。这种行业内的示范效应，能够推动整个行业向更加规范、透明、负责任的方向发展。同时，企业还可以通过参与行业标准的制定和推广工作，进一步提升自身在行业中的影响力和地位。这种引领行业标准和示范效应的行为，不仅有助于提升企业的社会形象，还能够为企业带来更多的商业机会和发展空间。

五、推动企业与利益相关者的共赢发展

（一）增强与股东的价值共创

绩效评价体系的持续优化，首先体现在与股东关系的深化上。通过清晰、透明的绩效评价指标，企业能够向股东展示其战略方向、经营成果及未来发展潜力，增强股东信心。同时，评价体系中融入股东价值最大化的考量，如净资产收益率、股息支付率等，促使管理层在决策时更加注重股东回报，实现企业与股东之间的价值共创。此外，定期的绩效评价报告和沟通机制，也为股东提供了参与公司治理、监督企业经营的有效渠道，进一步强化了企业与股东之间的紧密联系。

（二）促进与员工的共同成长

员工是企业最宝贵的资源，绩效评价体系的优化同样关注员工的成长与发展。通过设立与员工绩效紧密相关的激励机制，如绩效奖金、晋升机会等，激发员工的积极性和创造力，促进个人与企业目标的共同实现。同时，评价体系还注重员工能力的全面评估，包括专业技能、团队协作、领导力等方面，为员工量身定制培训和发展计划，助力其职业生涯的持续发展。这种以人为本的绩效评价理念，不仅提升了员工的归属感和满意度，

也为企业的长远发展奠定了坚实的人才基础。

（三）强化与供应商的协同合作

供应商是企业供应链中的重要一环，绩效评价体系的优化也注重与供应商之间的协同合作。通过建立供应商绩效评价体系，对供应商的产品质量、交货期、价格竞争力等方面进行全面评估，促使供应商不断提升自身能力，满足企业的需求。同时，企业也积极与供应商分享市场信息、技术趋势等，加强双方之间的沟通与合作，共同应对市场挑战。这种基于绩效的供应商管理策略，不仅提升了供应链的整体效能，还促进了企业与供应商之间的共赢发展。

（四）深化与社会的和谐共生

作为社会的一员，企业承担着重要的社会责任。绩效评价体系的持续优化，有助于企业更好地履行社会责任，深化与社会的和谐共生。通过设立社会绩效指标，引导企业关注社会热点问题，积极贡献社会。同时，企业还通过公开透明的绩效评价报告，向公众展示其在社会责任方面的努力和成果，增强社会的认同感和信任感。这种基于绩效的社会责任管理模式，不仅提升了企业的社会形象，也为社会的可持续发展贡献了积极力量。

绩效评价体系的持续优化在推动企业与利益相关者共赢发展中发挥着重要作用。通过增强与股东的价值共创、促进与员工的共同成长、强化与供应商的协同合作以及深化与社会的和谐共生，企业能够构建更加紧密、稳固的利益相关者关系网络，推动企业的全面可持续发展。

参考文献

[1] 侯俊华，汤作华. 可持续发展视角下地矿企业绩效评价研究 [M]. 上海：立信会计出版社，2022.

[2] 孙振强. 基于可持续发展的企业绩效评价研究 [M]. 徐州：中国矿业大学出版社，2009.

[3] 张国智，宋丽芳. 施工企业营运资金管理及绩效评价研究 [M]. 长春：吉林人民出版社，2021.

[4] 杨昕，朱梦佳，李培培. 企业绩效评价分析报告 [M]. 苏州：苏州大学出版社，2020.

[5] 欧阳袖. 国有企业绩效评价研究 [M]. 北京：知识产权出版社，2020.

[6] 陈华. 企业碳绩效评价 [M]. 北京：北京师范大学出版社，2019.

[7] 刘琴. 供给侧改革驱动下能源企业绩效评价研究 [M]. 成都：四川大学出版社，2019.

[8] 郑礼光. 论企业可持续发展的绩效评价体系构建 [J]. 福州大学学报（哲学社会科学版），2007，（03）：38-43.

[9] 江晨辉，张霜. 低碳经济目标下钢铁企业可持续发展的绩效评价 [J]. 商业会计，2013，（02）：80-82.

[10] 凌立钢. 基于可持续发展的制造企业绩效评价指标体系研究 [J]. 品牌研究, 2022, (33): 133-136.

[11] 孙青, 程大友. 面向可持续发展的物流企业绩效评价体系构建 [J]. 物流工程与管理, 2017, (10): 47-49+5.

[12] 黄晓. 铁路建筑企业绩效及可持续发展评价体系研究 [J]. 会计之友, 2017, (05): 85-90.

[13] 芦娟. 基于可持续发展理念的快递企业绩效评价指标体系研究 [J]. 物流科技, 2018, (09): 62-66.

[14] 苏伟明. 论可持续发展条件下的企业绩效评价应用 [J]. 科技创新与应用, 2015, (30): 266.

[15] 夏春琴, 王飞. 可持续发展企业的绩效综合评价体系研究 [J]. 价值工程, 2011, (29): 112-114.

[16] 李建光. 基于可持续发展的企业综合绩效评价模式的提出 [J]. 经济研究导刊, 2012, (16): 24-25.

[17] 陈仕清. 可持续发展视角的企业绩效评价初探 [J]. 中国管理信息化, 2011, (07): 36-37.

[18] 宋荆, 顾平, 席娜利. 企业可持续发展"三重盈余"绩效评价研究 [J]. 华东经济管理, 2006, (09): 21-24.

[19] 田翠香, 蔡炯, 王立新. 基于可持续发展的资源型企业绩效评价 [J]. 中国乡镇企业会计, 2008, (04): 89.

[20] 韩春伟. 基于可持续发展的三重企业绩效矢量评价模型 [J]. 贵州财经学院学报, 2009, (02): 19-23.

[21] 霍江林, 刘素荣. 可持续发展理念下基于 BSC-模糊物元的企业绩效评价 [J]. 技术经济, 2012, (10): 113-116+132.

[22] 孙嘉希. 绿色可持续发展理念下河钢绩效评价体系构建 [J]. 河北企业, 2024, (07): 63-66.

[23] 李紫涵.基于企业可持续发展的业绩评价研究[J].商场现代化，2020，(05)：88-89.

[24] 邹孟军.企业绩效评价指标的研究[J].中国航班，2023，(24)：92-94.